PHILOSOPHIE - GRUNDLAGEN

2 IN 1 BUCH

Einführung in die philosophischen Grundrichtungen und Methoden.

Philosophische Gedanken über die eigene Einstellung zu Emotionen.

Timo Kaschner

Inhaltsverzeichnis

Philosophie
für Anfänger

Einführung in die Philosophie
- Geschichte und Bedeutung, philosophische Grundrichtungen und Methoden

1. Philosophie - der Sinn des Lebens und des Menschen

Die Philosophie ist ein seit Jahrtausenden bekannter Zweig der Geisteswissenschaften. Jeder kennt sie, aber dennoch weiß kaum einer, was sich dahinter verbirgt.

Ihren Ursprung bzw. ihre Hochzeit erlebte die Philosophie zur Zeit des antiken Griechenlands mit ihren bekannten Vertretern Platon und Sokrates, um nur zwei Beispiele zu nennen. Übersetzen kann man Philosophie mit dem Streben nach Erkenntnis über den Sinn des Lebens, das Wesen der Welt und die Stellung des Menschen in der Welt. Sie bezeichnet die Lehre, Wissenschaft von der Erkenntnis des Sinns des Lebens, der Welt und der Stellung des Menschen in der Welt. Darüber hinaus hat sie aber noch eine weitere Bedeutung, nämlich die persönliche Seite eines jeden Menschen und die Art und Weise, wie jeder für sich selbst das Leben und die Welt so wie Dinge betrachtet. Dies entspricht dem Satz "Leben und leben lassen".

Daraus folgt, dass es keine einzige Philosophie gibt, sondern für jeden Menschen persönlich und die zu betrachtenden Dinge eine eigene, ebenfalls persönliche des jeweiligen Betrachters. Also auch für Dich gibt es eine eigene Philosophie, die mit der Deines sozialen Umfeldes übereinstimmen kann, aber eben nicht muss.

1.1 Das frühe Denken

Die großen Philosophen haben sich einige Bereiche dessen, was die Philosophie abzudecken versucht, herausgenommen und diese mit ihrer eigenen Meinung beschrieben. Einige dieser Betrachtungsweisen hat sich aufgrund der berühmten Vorreiter manifestiert und sich in der jeweiligen Zeit manifestiert und somit die allgemeine Meinung beeinflusst und letztendlich wiedergegeben.

In der heutigen Zeit kannst Du diese Einstellungen als althergebracht betrachten und annehmen. Allerdings kann es durchaus sein, dass die Ansichten heute aus anderer Sicht gesehen und analysiert ein völlig anderes Bild und Verständnis aufweisen können, als Du es bisher gekannt hast. Ein Beispiel hierfür ist die Ansicht über die Form der Erde sowie deren Stellung im Sonnensystem. Früher war man davon ausgegangen, dass die Erde eine Scheibe sei und den Mittelpunkt des Sonnensystems darstellt. Mit dem Fortschritt und wissenschaftlichen Erkenntnissen konnte diese These widerlegt werden. Heute weiß man, dass die Erde eine Kugel ist und die Sonne den Mittelpunkt der Galaxie bildet, um den sich alle Planeten drehen.

1.2 Philosophie im Wandel - neue Blickwinkel

Wenn Du Dich mit der Philosophie beschäftigst, wirst Du bald feststellen, dass sich nicht alle Probleme und Phänomene auf diesem Planeten oder Universum mithilfe der Wissenschaft lösen und erklären lassen. Zu diesen Problemen gehören seit Ewigkeiten die Fragen nach Gut und Böse oder dem Sinn des Lebens. Aber auch im religiösen Rahmen lässt sich nicht alles mit Wissenschaft erklären. Allein in der Theologie gibt es ausreichend Fälle, die Dich stutzig machen sollten. Gibt es einen Gott? Diese Frage wird seit Jahrtausenden gestellt, ein Beweis konnte bislang aber weder von der Kirche noch aus den Reihen der Wissenschaft erbracht werden.

Unterschiedliches Empfinden

Auch Gerechtigkeit ist eines der vielen Beispiele, die nicht eindeutig abschließend behandelt werden können. Das liegt vor allem daran, dass jeder Mensch ein eigenes Gerechtigkeitsgefühl bzw. -verständnis besitzt. Auch

Du wirst wahrscheinlich schon des Öfteren bemerkt haben, dass Du das Verhalten von anderen oder dessen Auswirkungen als gerecht oder ungerecht empfindest. Aber was für Dich gerecht ist, ist für Deinen Nachbarn noch lange nicht gerecht. Du kannst zwar generell davon ausgehen, dass in dem jeweiligen Kulturkreis und Sozialraum gewisse Dinge allgemein als gerecht angesehen werden, aber eben nicht überall. Um Dir das einmal vor Augen zu führen, brauchst Du noch nicht einmal weit zu blicken. Es genügt schon ein Vergleich vor der Haustür.

In Deutschland wird die Gerechtigkeit durch Gesetze definiert und durch die Gerichte durchgesetzt. Allerdings gibt es eine Vielzahl verschiedener Gesetze. Bundesgesetze geben beispielsweise nur einen gewissen Mindestrahmen vor. Auf der darunter liegenden Ebene der Landesgesetzgebung werden noch einmal konkretere Fassungen geschaffen. Diese Konkretisierung geht dann im Bereich der Kommunen weiter. Als Beispiel ist hier vor allem die Steuergesetzgebung zu nennen. Du bist Dir bestimmt im Klaren darüber, dass Du in Deutschland Steuern zahlen musst. Wenn Du Grundbesitz hast, werden die Grundbesitzabgaben fällig. Diese sind in den Steuergesetzen geregelt. Dort ist die Rede von der Grundsteuer. Wie hoch diese ist, wird aber nicht gesagt. Da die Grundsteuer eine Bundessteuer ist, sind die Länder gezwungen, die Grundsteuer auch umzusetzen. In Nordrhein-Westfalen, dem einwohnerreichsten Bundesland, wird die Grundsteuer im sogenannten Kommunalabgabengesetz (KAG) geregelt. Aber auch hier ist nur eine generelle Aussage getroffen. Die Festsetzung der Steuer ist den Kommunen überlassen. Und so kann es Dir passieren, dass Du in der Stadt A deutlich höhere Abgaben zu entrichten hast als Dein Nachbar, der aber in Stadt B wohnt.

Ob dieser Unterschied gerecht ist oder nicht, muss jeder für sich selbst betrachten und bewerten. Warum das so ist, ist auch wieder gesetzlich geregelt. Die Kommunen dürfen zur Aufgabenerfüllung gewisse Finanzierungen ausschöpfen. Eine dieser Finanzierungen sind Steuern. Bist Du nun Einwohner einer großen Stadt, die viele Aufgaben zu erfüllen hat und gewisse Ressourcen vorhalten musst, sind die Abgaben höher als bei kleineren ländlichen Kommunen.

Philosophie im wissenschaftlichen Tenor

Aber nicht nur in der theoretischen Umgebung findest Du die Philosophie wieder. Auch in den klassischen Naturwissenschaften gibt es Dinge, die Du nicht eindeutig beweisen kannst. Die Biologie beispielsweise beschäftigt sich mit der Untersuchung des Lebens mit all seinen Facetten. Dazu gehören neben den Menschen und Tieren auch die Pflanzen.

Und gerade hier stellt sich eine spezielle Frage, die nicht wissenschaftlich beantwortet werden kann, nämlich die Frage nach dem Wesen des Lebendigen!
Was macht dieses Leben aus? Dürfen Organismen getötet werden? Wenn ja, wann ist der richtige Zeitpunkt? Welche Rechte und Pflichten hast Du als Mensch in diesem Zusammenhang?

Auf der einen Seite ist es Deine Pflicht, die Umwelt zu schützen, so dass die Natur erhalten bleibt und nachfolgende Generationen einen intakten Planeten vorfinden. Auf der anderen Seite hast Du aber auch das Recht auf Leben. Und genau hierzu zählen Sachen wie die Ernährung. Wovon ernährst Du Dich als Mensch? Darfst Du Fleisch essen? Woher kommt das Fleisch? Darfst Du zur Erfüllung Deines Genusses Tiere töten? Die Rede ist hier jetzt nicht von gefährdeten Tieren, die besonders geschützt werden.
Des Weiteren darfst Du Dein Eigentum schützen. Stell Dir vor, Du bist Schäfer und ein Wolfsrudel ist in der Nähe Deiner Herde! Was machst Du? Darfst Du Dein Eigentum schützen und die Wölfe notfalls töten oder musst Du Dein Eigentum zum Schutz der Wölfe opfern?

Und jetzt denk einen Schritt weiter! Was ist mit Vegetariern oder Veganern? Auch die töten lebende Organismen, um sich zu ernähren und so zu überleben! Wie Du siehst, ist die Philosophie in Deinem ganzen Leben auf unterschiedliche Weise vorhanden und beeinflusst Dich in Deinen Entscheidungen und Deinem Handeln.

Die Naturwissenschaften haben unser Leben geprägt wie kaum eine andere Wissenschaft. Mathematische und physikalische Gesetze spiegeln in ihren Formeln die Natur wider. Sie geben Auskunft darüber, wie sich Dinge entwickeln können oder auch, was die logische Schlussfolgerung aus gewissen Ereignissen sein wird. Statistiken, Prognosen und Fallzahlen sind überall zu finden. Diese Gesetze gelten ohne Ausnahme, aber es gibt keine Erforschung oder belegbare These, dass die Natur entsprechend dieser Gesetze überhaupt aufgebaut ist. Du kannst hier nur auf Erfahrungswerte und gleichbleibende Reaktionen zurückgreifen. Eine Erklärung, warum die Dinge so sind wie sie sind, lässt die Natur bislang offen.

Ein anderer wissenschaftlicher Zweig, der in seinen Grundsätzen von der Philosophie geprägt ist, sind die Rechtswissenschaften. Diese legen die gesetzlichen Rahmenbedingungen fest und überprüfen, ob unser Tun und Handeln im Einklang mit diesen Gesetzen geschieht. Die Frage nach der daraus resultierenden Gerechtigkeit übersteigt jedoch auch deren Rahmen. Hier wird wieder individuell entschieden, was für den Einzelnen Gerechtigkeit bedeutet. Hieraus ist auch der Spruch: "Zwei Richter, drei Meinungen", zu erklären. Das Gerechtigkeitsempfinden unterscheidet sich von Mensch zu Mensch. Es gibt hier durchaus Meinungen, die allgemein gültig sind, nämlich, dass jemand für etwas bestraft werden muss. Ob diese Strafe oder deren Höhe aber dann wiederum gerecht ist, ist nur individuell und von Fall zu Fall zu betrachten.

Wie Du also festgestellt hast, sind die Wissenschaften für sich genommen nur eine Grundlage für diverse Themenbereiche. Du musst Dir bei allem selbst die Frage stellen, wie Du mit dem aus den jeweiligen Wissenschaften erworbenen Wissen umgehst und welche Rückschlüsse Du für Dich daraus ziehst.

Aber auch weit darüber hinausgehende Fragen musst Du Dir immer wieder stellen. Gibt es die von Dir jetzt erlebte Wirklichkeit tatsächlich oder bist Du nur Teil einer individuellen Wirklichkeit eines anderen.

Wenn Du an diesem Punkt angekommen bist, wirst Du merken, dass die wissenschaftlichen Modelle zur Erklärung hier an ihre Grenzen stoßen. Diese Fragen lassen sich nicht mit Gesetzen oder Regelungen lösen. Sie sind philosophisch angelegt.

1.3 Platon - Rückschlüsse aus den Erfahrungswerten

Platon, einer der bekanntesten Philosophen der Antike, warf aus den oben genannten Gründen ernste Zweifel auf, ob das Bild des Menschen von sich selbst und der Welt denn auch so zu verstehen sei. Mit seinem Höhlengleichnis ging er dieser Frage nach und zeigte damit auf, dass der Mensch selbst nur ein begrenztes Wahrnehmungs- und Erkenntnisspektrum besitzt.

In diesem Höhlengleichnis sitzen viele Menschen in einer Reihe nebeneinander in einer Höhle. Dabei sind sie alle so gefesselt, dass sie sich nicht bewegen können und ihr Blick nur eine Richtung zulässt - geradeaus. So können sie nur die Höhlenwand betrachten, die sich ihnen gegenüber befindet. Die einzige Lichtquelle ist ein Feuer in der Höhle. Dieses ist aber etwas weiter entfernt und befindet sich im Rücken der Probanden. Zwischen dem Feuer und den Menschen befindet sich zudem eine Mauer. Hinter dieser werden Gegenstände unterschiedlicher Größe und Form getragen bzw. bewegt. Diese ragen jedoch alle über die Mauer herüber und deren Schatten werden an der Höhlenwand dargestellt. Durch die Geräusche, die im Hintergrund durch das Bewegen der Gegenstände entstehen, müssten sich den Menschen also zu den Schatten als weitere Orientierung hervorheben, so dass sich ein gewisses Bild mit festen Vorstellungen bei den Menschen erzeugen ließe.
Durch diesen Versuchsaufbau ist es Platon gelungen, die reale Welt in einen Kontrast zu setzen. Das Feuer ist hierbei das Tageslicht. Da zwar alle das gleiche sehen und hören könnten, müssten auch alle die gleiche Wahrnehmung haben und diese wiedergeben können. Da der Mensch aber wie bereits erwähnt in seinen Fähigkeiten beschränkt ist, nimmt jeder Einzelne für sich nur das wahr, was er wahrnehmen möchte oder sich vorstellt.
Platon zeigt hiermit zudem, warum ein Philosoph die Wahrheit infrage stellt. Mit Wahrheit ist hierbei die objektive Wahrheit gemeint. Denn jeder Mensch hat einen anderen Bezug zur Wahrheit, nämlich seine Sicht der Dinge und seine Wahrnehmung. Du kannst also hier sagen, es gibt nicht nur eine Wahrheit, sondern viele verschiedene. Oder aber es gibt immer zwei Versionen ein und derselben Tat…!

Kern der Philosophie ist die Beschäftigung mit Dingen, die Dir und uns allen im Alltag als selbstverständlich vorkommen. So denkst Du jedenfalls. Hier stehen Fragen wie etwa "Du sollst nicht töten", "Wahrheit ist, was nachprüfbar stimmt", "Demokratie ist die beste aller Staatsformen" oder "Die Gedanken sind frei", um nur ein paar Beispiele zu nennen, im Vordergrund. Dabei spielt es keine Rolle, ob Du Dich mit diesen Themen philosophisch auseinandersetzt nachdem ihr althergenommenes Kernstück für Dich als fragwürdig erscheint oder bereits früher. Wer nichts hinterfragt, philosophiert nicht, lautet eine These! Aber allein das Staunen über eine Sache kann bereits Philosophie sein, nämlich genau dann, wenn Du noch nicht weißt, wie dies zu erklären ist.

"Das Staunen ist die Einstellung eines Mannes, der die Weisheit wahrhaft liebt, ja es gibt keinen anderen Anfang der Philosophie als diesen."

Platon: Theaitetos 155 D

"Staunen veranlasste zuerst - wie noch heute - die Menschen zum Philosophieren."

Aristoteles: Metaphysik I 2, 982 b 12

Religionen oder religiöse Gemeinschaften stellen einige unerklärliche Dinge als Wunder oder Gotteswerk an. Die Philosophie hingegen unterscheidet sich hier jedoch deutlich von diesen. Philosophen versuchen Dinge rational, also mit Vernunft, zu erklären. Weitergehende Voraussetzungen wie Glaubensbekenntnisse etc. werden hierbei nicht vorausgesetzt.

2. Die Geschichte und Bedeutung der Philosophie

Wie bereits erwähnt, ist die Philosophie seit Jahrtausenden ein Bestandteil des menschlichen Lebens. Man kann also getrost sagen, dass die Philosophie so alt wie die Menschheit selbst ist. Sie wurde jedoch erst später als solche angesehen. Die Menschen in der Steinzeit waren beispielsweise getrieben von ihrem Überlebensinstinkt. Für sie war Philosophie hauptsächlich die Frage, wie kann ich den heutigen Tag überleben, was kann man jagen und essen und wo findet sich ein sicherer Platz zum Übernachten. Erst später, mit dem Beginn der sozialen Beziehungen wurde diese Frage um einige Punkte erweitert, nämlich dadurch wie das eigene Handeln der Gruppe / Gemeinschaft Vorteile bringen kann.

Die griechischen Philosophen haben diese Fragen konkretisiert und auf die gesamte Gesellschaft ihrer Zeit bezogen. Durch Philosophie wurden zu diesem Zeitpunkt Staaten und ganze Imperien regiert.

2.1 Was ist Philosophie

Der Begriff Philosophie stammt sowohl aus dem Griechischen als auch dem Lateinischen und bedeutet übersetzt so viel wie "die Liebe zur Weisheit". Sie versucht, die Welt und das Wesen des menschlichen Seins zu erforschen, zu erklären und vor allem zu verstehen und an folgende Generationen weiterzugeben. Der Sinn des Lebens ist hier in den Mittelpunkt gerückt worden.

Die bekannten wissenschaftlichen Felder unterscheiden sich vor allem durch die unterschiedliche Betrachtung der Dinge sowie ihrer Spezifikation auf ein Gebiet von der Philosophie. Die Philosophie ist sehr weitläufig und allgemein zu sehen, nicht speziell nur für einen kleinen Bereich. Auch findest Du keine vorgeschriebenen Vorgehensweisen oder Methoden zur Erforschung. Vielmehr kommt es darauf an, wie Du Deine Fragestellungen definierst und wie Du an die Lösung herangehst. Was die Philosophie allen anderen Wissenschaften voraus hat, ist ihre Flexibilität und Übertragbarkeit auf nahezu jeden Bereich.

2.2 Geschichtliche Entwicklung - von der Antike bis heute

Die Philosophie gibt es seit Anbeginn der Menschheit. So wie wir sie kennen, lässt sie sich jedoch auf das antike Griechenland zurückführen. Diese westliche oder auch abendländische Philosophie wurde im 6. Jahrhundert vor Christus begründet. Es gibt noch wesentlich weiterreichende Philosophien, die für Dich jedoch in diesem Zusammenhang und mit der klassischen Philosophie nicht zu verwechseln sind. Hierunter zählen insbesondere alte Traditionen aus dem islamischen und jüdischen Glaubenskreis sowie die zweite bekannte Form der Philosophie, die fernöstliche Philosophie aus China und Japan.

Die antike Philosophie ist der Grundstein für unser heutiges Denken. Hier wurden wissenschaftlich und systematisch orientierte Denk- und Verhaltensweisen begründet. Von damals bis heute haben diese Grundlagen dafür gesorgt, dass Du auf verschiedene Formen und Thesen sowie Methoden der Wissenschaften und Lehren zugreifen kannst. Diese haben sich im Laufe der Zeit allesamt aus der antiken Philosophie heraus entwickelt. Sie bietet aber auch eine auf Vernunft basierende Abgrenzung zu religiösen Weltbildern und Mythen.

In ihrem Kern behandelt die Philosophie einige wesentliche Dinge unseres und Deines Lebens. Der Kern wird gebildet aus folgenden Fachgebieten:

- Ethik
- Logik

- Metaphysik

Welches dieser drei Gebiete nun den wichtigsten Bereich der Philosophie darstellt, lässt sich nicht eindeutig festlegen. Fakt ist jedoch, dass diese drei Bereiche hierzu in direkter Konkurrenz stehen. Sie beanspruchen allesamt für sich, fundamental zu sein und somit die Krönung des Denkens zu sein und diese gesamten Strukturen darstellen zu können.

Weitere Disziplinen der Philosophie sind die Erkenntnis- und Wissenschaftstheorie. Auf all diese wird im späteren Verlauf noch ausführlicher eingegangen.

2.3 Der Begriff Philosophie - Herkunft und Bedeutung

Der Begriff Philosophie stammt aus dem Griechischen und ist aus den Worten phílos, der Freund, und sophía, die Weisheit, zusammengesetzt. Wenn Du ihn wörtlich übersetzt, bedeutet es Liebe zur Weisheit oder vereinfacht zum Wissen. Das liegt unter anderem daran, dass mit dem Begriff sophía generell jede Sachkunde und Fertigkeit bezeichnet worden ist. Dabei wurde kein Unterschied darin gemacht, ob es sich hierbei um eine geistige, technische oder handwerkliche Eigenschaft handelte.

Erstmalige namentliche Erwähnung fand die Philosophie bei Herodot, einem im fünften Jahrhundert vor Christus lebenden griechischen Historiker. Dieser setzte es in Verbindung mit dem Athener Politiker Solon, der zu seiner Zeit im antiken Griechenland bzw. Athen einen immensen Wissensdurst aufwies, um genau diesen zu beschreiben. Du kannst davon ausgehen, dass Heraklit den Begriff des Philosophen, der Philosophie oder des Philosophierens noch nicht kannte und anwendete. Die Einführung dieses Begriffes wurde Pythagoras von Samos nachgesagt. Dieser lebte ebenfalls im antiken Griechenland etwas früher als Herodot im 6. Jahrhundert vor Christus. Diese Annahme beruht auf einer von Herakleides Pontikos überlieferten Erzählung. In dieser soll Pythagoras die These vertreten haben, dass die wahre sophía, also Weisheit und Wissen, nur Götter besäßen können. Der Mensch habe nur die Möglichkeit, nach ihr zu streben und sich dies anzueignen. Eine natürliche Weisheit sei ihm vorenthalten. In diesem Zusammenhang ist mit sophía das metaphysische Wissen gemeint. Allerdings solltest Du wissen, dass an der Glaubwürdigkeit dieser Erzählung starke Zweifel bestehen und dies in der Forschung auch sehr umstritten ist. Ursache ist, dass der Bericht nur teilweise und indirekt überliefert worden ist. Eine erste, in Zusammenhang mit Herakleides gemeinter Bedeutung, stehende Bezeichnung der Philosophie und des Philosophierens ist erst im vierten Jahrhundert eindeutig erkennbar und nachweisbar. Dieser Bezug beruht auf Platon. Vor allem in dessen Dialog Phaidros wird dies deutlich. In diesem Dialog wird festgestellt, dass das Streben des Menschen, Weisheit zu erlangen, und der Besitz von Weisheit in einer Konkurrenz zueinander stehen und beides nicht gleichzeitig gegeben sein kann. Der Besitz der Weisheit sei zudem nur Gott vorbehalten.

Begriffsgeschichte: Veränderungen der Bedeutung im geschichtlichen Kontext

Die Definition des Begriffes der Philosophie hat im Laufe der Zeit einige Änderungen erfahren. So wurde sie zu Zeiten Platons in der Antike als Streben nach dem Guten, Schönen und Wahren definiert. Rund 1.500 Jahre später galt sie als das Streben nach Erkenntnis, Wahrheit und Weisheit. Geprägt wurde diese Epoche vor allem durch Persönlichkeiten wie Berkeley, Hobbes oder Locke. Ihre Ziele waren nach Aristoteles auf die Erforschung der obersten Prinzipien und nach Platon auf den Erwerb wahren Wissens gerichtet. Auch hier findest Du Differenzierungen, denn während Prinzipien nur theoretische Umstände beschreiben, ist das Wissen ein belegbares und nachprüfbares Ergebnis tatsächlicher Ereignisse. Nach Paracelsus wiederum war die Philosophie auch auf das nicht greifbare, unsichtbare erweitert und Wolff erkannte in ihr die Wissenschaft aller Möglichkeiten. Diese These wurde durch Fichte, Hegel und Schelling noch um das Absolute ergänzt.

Andere bedeutende Philosophen wie etwa Kant, Mach oder Wundt sagten ihr die Ordnung und Verbindung aller Wissenschaften nach und Fechner titulierte sie als Wissenschaft aller Wissenschaften, ein all umfassendes Gebilde, welches sich überall wiederfinden und anwenden lässt. Allerdings hat sich über alle Zeiten hinweg ihre Kernaufgabe, nämlich die Analyse, Bearbeitung und exakte Bestimmung von Begriffen manifestiert. Darin verbindet sie zudem folgende Theorien und Thesen und sei zugleich:

- das Ziel, Tugend und Tüchtigkeit zu erlangen (Aristoteles, Stoa)
- das auf der Vernunft basierende Streben nach Glückseligkeit (Epikur, Shaftesbury)
- die Kunst, das Sterben zu lernen (Platon)
- normative Wertlehre (Windelband)

In Europa wird der Begriff der Philosophie fast ausschließlich mit seiner Entstehung im antiken Griechenland gesehen. Du wirst feststellen, dass diese Philosophie aber nicht die einzige ist. Vor allem die fernöstliche Philosophie mit ihren jahrtausendealten Traditionen und Denkweisen wird oftmals stark unterschätzt. Denn auch in ihr findest Du Denkansätze, die im Griechenland der Antike behandelt worden sind. Des Weiteren kannst Du auch die religiösen Traditionen und Weltanschauungen in die Philosophie einordnen. Hier solltest Du jedoch bedenken, dass dies nur dann möglich ist, wenn eine philosophisch und keine theologische Argumentation stattfindet.

Wissenschaftsgeschichte

Im Laufe der Zeit hat sich auch das Bild der Philosophie in ihrem Sein als Wissenschaft immer wieder geändert. In den frühen Anfängen zu Zeiten von Sokrates oder Platon war die Philosophie als Streben nach Wissen bzw. Erkenntnis auf Grundlage der Vernunft definiert. Dies widersprach dem damaligen Weltbild, das sich in erster Linie von religiösen Weltanschauungen und mythischen Erzählungen bildete und lange Zeiten so uneingeschränkt übernommen worden ist. Die Mythen wurden nicht hinterfragt. Daraufhin konnte sich jedoch das Denken dieses Phänomens Mythos entwickeln und die Mythen an sich wurden nicht verworfen, sondern haben teilweise bis heute Bestand. Auch Du kennst die Mythen um die griechischen Götter und den Göttervater Zeus. Das liegt aber auch daran, dass die Philosophen der Antike eben diese Mythen, die alle kannten, nutzten, um ihre eigenen Lehren, Theorien und Erkenntnisse kundzutun. Durch ihre dichterische Fähigkeit waren sie so in der Lage, mithilfe der Mythen ihr erworbenes Wissen verständlich zu vermitteln.

Antike

In der Antike waren zwei Arten der Philosophie verbreitet. Zum einen fand man Sokrates und dessen Schüler, deren Ziel es war, die Philosophie als Streben nach Erkenntnis zum eigenen Nutzen zu betrachten, um den eigenen geistigen Horizont zu erweitern. Auf der anderen Seite waren die Sophisten angesiedelt. Diese betrachteten die Philosophie als eine Art des Unterrichtens und boten diese dann gegen Bezahlung auch anderen an. Des Weiteren ging es ihnen nicht um das Streben nach Weisheit und Wissen, sondern in erster Linie darum, ihre Gegner im Rahmen von Diskussionen und Debatten rhetorisch zu übertrumpfen und zu besiegen. Sie verstanden es auch, die Dinge so zu drehen und zu formulieren, dass sie ihre vom Grunde her schwächere Meinung zur stärkeren machten. Sie drehten ihren Gegnern stellenweise die Worte im Mund herum.

Spätantike - Christentum

Zum Ende der Antike war in Europa das Christentum sehr stark verbreitet. Daher war es nur noch möglich, die Philosophie auf das damals herrschende, religiöse Weltbild anzuwenden. Diese Einstellung hatte viele Jahrhunderte Bestand. Dabei durfte sie in keiner Weise gegen die theologischen, religiösen Annahmen des Christentums verstoßen bzw. mit ihnen im Konflikt stehen und ihnen widersprechen.
Ähnlich war es mit der Anwendung der Philosophie im Judentum und im Islam. Auch hier wurde eine entsprechende Abgrenzung zur Antike geschaffen. Die Philosophie wurde deswegen bis ins Mittelalter hinein mehr als ein Teil der Theologie verstanden, mit dem es gelingen sollte, auf rationale Weise die Offenbarungen Gottes zu stützen und mit Argumenten zu versehen. Sie war keine eigenständige Disziplin mehr unter den Wissenschaften.

Mittelalter

Mit Aufkommen des Mittelalters und der zu dieser Zeit neu entstandenen Universitäten avancierte die Philosophie zu einem Lehrfach, das eine wesentliche Bedeutung für weitere Studien hatte. Das Studium und dessen Kern zeichnete sich vor allem durch die Artes liberales, die sieben freien Künste, aus. Zu diesen freien Künsten zählten:

- Arithmetik
- Astronomie
- Dialektik
- Geometrie
- Grammatik
- Musik
- Rhetorik

Das Studium der freien Künste fand in dem studium generale statt. Dieses konnte an der sogenannten Artistenfakultät erworben werden. Wenn Du jetzt diesen Studienabschluss hattest, wärst Du in der Lage gewesen, Dich den höheren Studien zu widmen. Das bedeutet, dass erst mit erfolgreichem Abschluss des Studium generale die Fächer

- Medizin
- Recht
- Theologie

erlernt werden konnten. Wenn Du Dir einmal die heutigen Bezeichnungen der jeweiligen Sudienabschlüsse anschaust, wirst Du eine enge Verbindung zu damals feststellen können. Die heutigen akademischen Grade stammen größtenteils aus dieser Zeit.

Im 13. Jahrhundert, der Blütezeit des Mittelalters, setzten sich die Gelehrten verstärkt mit den philosophischen Thesen des Aristoteles auseinander. Dadurch gelang der Philosophie an sich eine Eigenständigkeit, die weiterführte als bislang die Lehren der artes liberales. Während bis dato die Philosophie als Beiwerk für die höheren Studien angesehen war, entstand nun auf Basis der Aristotelesrezeption der Versuch, die Philosophie des Aristoteles in Zusammenhang mit den von der katholischen Kirche verfassten und vertretenen Thesen zu bringen und somit eine Wirklichkeit darzustellen, die in sich eine Gesamtdeutung all dessen wiedergibt. Zu dem Kreis an Theologen und Philosophen, die dieser Darstellung nachgingen, gehörten unter anderem bekannte Persönlichkeiten wie etwa Thomas von Aquin oder Albert der Große.

Eine erste und bedeutende These dieser Art legte Thomas von Aquin in der summa theologica dar. Allerdings solltest Du wissen, dass auch im 12. Jahrhundert bereits die Philosophie eine neue Blüte erfahren hat. Diese zielte auf das Wissen aus Erfahrung ab und bildete somit einen Pfeiler des heutigen Denkens auch im Bereich der Naturwissenschaften. Die experimentelle Vorgehensweise wurde zudem weiter in den Fokus gerückt.

Renaissance und Neuzeit

Mit der Renaissance entstand in der Philosophie ein neues Denken. Dieses Denken setzte sich über die bis dato bestehenden Grenzen der Philosophie, die ihr durch die Theologie gesetzt worden waren, hinweg. Du wirst hier sehen, dass sich die Philosophen dieser Zeit nicht mehr an die bestehende Weltanschauung hielten und sich an ihr orientierten. Sie vertraten jetzt sogar Ansichten, die den theologischen und kirchlichen Lehren widersprachen. Bis heute kannst Du die Auswirkungen der Renaissance spüren. Denn bis jetzt findet eine kritische Auseinandersetzung mit den kirchlichen Ansichten statt. Die Philosophie betrachtet sich zudem nicht mehr als Teil der Theologie, sondern als eine eigenständige wissenschaftliche Disziplin. Viele Philosophen sahen sich und ihr Schaffen sogar der Theologie überlegen. Andere hingegen versuchen, Philosophie und religiöse Werte und Vorstellungen in einen Einklang zu setzen.

Zu bestimmten Phasen dieser Zeit war das Verständnis der Philosophie dadurch geprägt, dass man sie als eine Wissenschaft ansah, die allen Einzelwissenschaften übergeordnet war. Das heißt, dass in allen Einzelwissenschaften zunächst auf Basis der Philosophie geforscht wurde. Man versuchte so, die Realität als ein Gesamtes zu erfassen und zu definieren. Ziel war es dabei, die letzten unbekannten Ursachen für Wirkungen und die Gesetzmäßigkeit von Prinzipien zu analysieren. Gleichzeitig wollte man dies dann auch für alle gleichermaßen zugänglich machen. Also auf dem Verstand und der Vernunft beruhende Tatsachen in Relation zu ihrem Ursprung setzen und dies verständlich darstellen (philosophia perennis). Du kannst also feststellen, dass die Philosophie die Wissenschaft sein wird, die am längsten Bestand haben wird, da alle anderen von ihr abhängig sind und sich aus diesen auch immer wieder neue Themenbereiche ergeben, die die Philosophie zu erläutern vermag. Widmest Du Dich der Philosophie, brauchst Du Dich auf keine andere Wissenschaft mehr zu konzentrieren. Die Philosophie nutzt alle Grundlagen der anderen Disziplinen. Und das ohne hierzu eine echte Verbindung herstellen zu müssen.

18. Jahrhundert

Trotz der mittlerweile Einzug haltenden Reformen und neuen Denkweisen blieb die Philosophie zunächst eine eigene Fakultät (Artistenfakultät), deren Abschluss notwendig war, wenn Du zu dieser Zeit einen klassischen Studiengang hättest absolvieren wollen. Ohne Philosophie hättest Du damals keine naturwissenschaftlichen, rechtlichen oder theologischen Forschungen betreiben und Lehren verbreiten können. Aus dieser Zeit heraus rührt auch das Absolvieren eines Philosophicums, das einige Universitäten der Tradition wegen als Pflicht im Grundstudium voraussetzen.

19. Jahrhundert

Im 19. Jahrhundert fand eine Abspaltung bzw. Abgrenzung der wissenschaftlichen Zweige und ihrer Verknüpfungen zur bisherigen Aufteilung statt. Während die naturwissenschaftlichen Bereiche sich sehr rasch als selbstständige Disziplinen verstanden, folgten die anderen Fächer mit etwas Verzögerung. Daraus resultierte auch ein Umdenken der Philosophie. Diese musste sich nun größtenteils von ihrer allgemeinen Anwendung auf die entstehenden Fächer der jeweiligen Studienrichtungen umstellen. Unter diesen Umständen und dem raschen technischen Fortschritt verblieb der Philosophie oftmals nur ein Schattendasein. Ihre Aufgabe bestand nur noch darin, die unterschiedlichen Bereiche zu reflektieren und über deren Voraussetzungen zu diskutieren. Erst später wurde der Philosophie wieder größere Bedeutung zuteil. Diese findest Du unter anderem in den Bereichen der Medizinethik oder Rechtsethik wieder. Gerade in der Medizin nimmt die Philosophie eine wichtige Funktion ein. Bei der Neuzulassung bzw. Erforschung neuer Medikamente sind ethische Untersuchungen immer Voraussetzung. Und hier findest Du auch kontroverse Diskussionen diesbezüglich, wenn es beispielsweise um die Bestimmung von Nebenwirkungen eines Medikamentes geht. Kaum eine von den Universitäten eingesetzte Ethikkommission wird spezielle Medikamente und deren Auswirkungen bei Schwangeren befürworten. Aber auch auf der politischen Ebene findet ein Umdenken statt. Man unterzieht hier vieles einer ethischen Untersuchung und wägt Folgen, Risiken, Zweck und Nutzen gegeneinander ab.

Moderne

Philosophie ist mittlerweile eine eigene Fachwissenschaft. Ihre Grundlagen hierfür sieht sie selbst aus dem Anspruch, dass die Methoden der Philosophie sich auch auf andere Gebiete anwenden lassen und hier eine hilfreiche Hand sein können. Des Weiteren wird vor allem durch die Philosophen selbst die Meinung sehr stark vertreten, dass die Bearbeitung von Grundsatzfragen und allen anderen Themen in ethischer Weise ausschließlich der Philosophie zuzuschreiben sind und diese Aufgabe nur den Philosophen zukommen zu lassen ist. Die Lehrerausbildung an den heutigen Universitäten ist stark von der Philosophie und ihren Bereichen Logik, Ethik, Erkenntnistheorie, Wissenschaftstheorie und Philosophiegeschichte abhängig und beeinflusst. Dadurch findet die Philosophie nicht nur eine fachliche Diskussion an den Hochschulen wieder, sondern auch von den einzelnen Fachstudiengängen unabhängig eine theoretische Diskussion. Gerade die Bereiche Logik, Sprachanalyse und Wissenschaftstheorie profitieren in einem sehr hohen Maße von dieser Kultur. Obwohl die Philosophie eher in den Universitäten in einem kleinen Kreis praktiziert wird, finden sich auch immer wieder öffentliche Punkte wieder, in der die Philosophie das Leben aller mit beeinflusst. Dies ist vor allem dann der Fall, wenn es um Fragen der Ethik geht. Bereiche, die hiervon betroffen sind, sind:

- Genetik
- medizinische Problemstellungen (Medizinphilosophie, Medizinethik)
- Ökologie
- Verwendung von Technik
- interkulturelle Philosophie

Philosophie wird aber nicht nur an den Hochschulen betrieben. Du wirst eine Vielzahl eigenständiger Denker finden, die sich außerhalb dieser Kreise bewegen. Dieses Phänomen fand seinen Ursprung zur Zeit der Aufklärung. Vor allem in Frankreich wurden Menschen, die sich mit den Belangen des öffentlichen Lebens und der Allgemeinheit befassten, als Philosophen bezeichnet. Vertreter dieser Gruppe waren:

- Diderot
- Rousseau
- Voltaire

Diese Herren widmeten sich der Aufklärung durch Wissen in Rahmen einer Enzyklopädie, so dass Wissen und Erkenntnisse jedem zugänglich waren. Aber auch andere Gelehrte wurden als Philosophen bezeichnet. Hierzu gehörten vor allem Schriftsteller und Universalgelehrte. Unter Universalgelehrten versteht man Gelehrte mit umfassenden, viele Wissensgebiete einschließenden Kenntnissen. Bekannte deutsche Vertreter dieser Art waren:

- Goethe
- Schiller

Du wirst aber auch Philosophen finden, die keiner Akademie angehörten und keinen solchen Abschluss ihres Faches hatten. Allerdings waren diese "Philosophen" so in der Öffentlichkeit vertreten und angesehen, dass man ihnen große Beachtung entgegenbrachte. Sie betrieben die Philosophie frei von wissenschaftlichen Vorgaben und orientierten sich in erster Linie an den Problemen der Zeit und setzten all ihre Studien in einen zeitlichen Zusammenhang.
Die bekanntesten dieser Philosophen waren:

- Abraham Lincoln
- Adam Smith
- Émile Zola
- Friedrich Nietzsche
- Jean Paul
- Karl Marx

- Lew Tolstoi
- Søren Kierkegaard
- Sigmund Freud

Definitionsversuche der Philosophie aus heutiger Sicht

Die Philosophie ist keine Wissenschaft, die auf speziellen Lehren aufbaut. Sie ist nicht an bestimmte, vordefinierte Bedingungen geknüpft. Das liegt vor allem daran, dass jeder, der sich mit der Philosophie beschäftigt, seine eigene Argumentation hat und immer von einem anderen Blickwinkel, nämlich dem eigenen, an die Sache herangeht. Du hast bestimmt schon einmal selbst die Erfahrung gemacht, dass es auf eine einzelne Frage vielzählige und mannigfaltige Antworten gibt. Nämlich von jedem, der sich dieser Frage annimmt, eine individuelle, aus der eigenen Sicht heraus. Carl Friedrich von Weizsäcker nannte die Philosophie einst als eine Wissenschaft, über die man nicht reden könne, wenn man sie nicht selbst betreibe.

Philosophie hat aber auch andere Bedeutungen, die sich nicht starr auf das Wissenschaftliche beziehen. So kennst Du unter anderem Formen wie beispielsweise die Unternehmensphilosophie. Hiermit meint man die Art und Weise, wie ein Unternehmen funktioniert und worauf es besonderen Wert legt.

Wenn Du jetzt diese Definition bzw. Bedeutung der Philosophie genauer betrachtest und ihren Ursprung und ihre Entwicklung mit dieser Bedeutung vergleichst, wirst Du Dir bestimmt die Frage stellen, wie kann das sein. Die Philosophie ist doch wissenschaftlich betrachtet ein materialistisch genormter Begriff. Sie ist die Wissenschaft der Strukturgesetze in Denken, Gesellschaft und der Natur sowie der Stellung des Menschen in jenen Gebilden. Und eben das macht auch die Philosophie aus. Sie ist eine Wissenschaft im klassischen Sinne. Sie ist aber darüber hinaus auch eine Wissenschaft, die nicht erlernt werden muss. Sie kann von jedem betrieben werden und wird auch von jedem Menschen betrieben. Nicht umsonst sagt man, jemand philosophiert gerade vor sich hin. Auch Du philosophierst vor Dich hin, genau dann, wenn Du Dich mit einer Frage oder Problemstellung kritisch auseinandersetzt.

Aufgabenfelder

Die Philosophie behandelt einige Aufgabenfelder. Diese erstrecken sich zunächst auf die Untersuchung von Methoden, Prinzipien und der Gültigkeit jeglicher Erkenntnisgewinnung. Des Weiteren werden Argumente und Theorien auf wissenschaftlicher Ebene durch die Philosophie erörtert und analysiert. Aus diesem Grund kannst Du die Philosophie als eine der bedeutenden Grundlagen wissenschaftlichen Arbeitens verstehen. Durch das immer wiederkehrende Überdenken und Infragestellen sowie der Überprüfung aller aus den Einzelwissenschaften resultierenden Ergebnissen fördert die Philosophie hier stetig die Entwicklung jeder einzelnen wissenschaftlichen Richtung und gibt immer wieder neue Forschungsanstöße. In der Philosophie beschäftigst Du Dich mit Problemen und Fragestellungen, mit denen sich die Fachwissenschaften bislang nicht beschäftigten. Das liegt in erster Linie daran, dass sich diese Fragen im Einzelnen gar nicht stellen, sie bislang nicht relevant waren oder schlichtweg, weil die Einzelwissenschaft diese gar nicht abschließend beurteilen kann. Und genau diese Fragen und Probleme können richtungsweisend für die eigentliche Forschung sein oder werden, indem sie diese in eine andere Richtung lenkt.

Weitergehend bezieht sich die Philosophie und deren Thesen auf die systematische Ordnung des menschlichen Wissens, um so letztendlich dafür Sorge zu tragen, dass sich ein Weltbild zeichnet, das in sich schlüssig, begründet, nachvollziehbar und verständlich ist und dabei die Werte, Rechte und Pflichten der Menschen mit einbezieht.

3. Philosophische Grundrichtungen

3.1 Sinn und Arten des Philosophierens

Philosophie wird grundsätzlich von jedem Menschen betrieben. Dies geschieht in der Regel nicht auf Basis wissenschaftlicher Forschungen, sondern mehr im privaten Bereich. Hier stellt sich jeder irgendwann Fragen, die er sich selbst beantworten muss, um so sein Leben, die Welt und sein Umfeld zu begreifen und zu verstehen. Sie ist also die Basis des Seins. Damit man überhaupt von philosophischen Ansätzen reden kann, müssen die an sich und das Umfeld gerichteten Fragen kritisch betrachtet werden. Man muss alles hinterfragen und darf sich nicht allzu leicht täuschen lassen. Vor allem die Meinung anderer darf hier nicht zu sehr gewertet werden und auf diese Weise das eigene Ergebnis im schlechtesten Falle infrage stellen. Wer sich dieser Verhaltensweise annimmt, läuft weniger Gefahr, sich in Fehlschlüssen wieder zu finden. Wobei diese Fehlschlüsse wohlgemerkt nur für einen selbst als solche zu betrachten sind. Für andere können diese die ultimative Lösung ihres Problems bedeuten. Kritisch bedeutet in der Philosophie, dass man die gesellschaftlichen Verhältnisse ebenso relativiert wie Religion oder Wissenschaft. Um sich ernsthaft mit der Philosophie zu beschäftigen, ist es Deine vornehmliche Aufgabe, Dinge zu hinterfragen. Nur so bist Du in der Lage, kritisch zu analysieren und konstruktiv zu denken und zu gestalten. Die Philosophie dient nämlich auch dazu, Ethiken oder Wissenssysteme auf rationale Weise immer wieder zu rekonstruieren und gegebenenfalls vorhandenes Wissen noch zu präzisieren. Das Ziel der meisten Philosophierenden - und dieser Ausdruck ist bewusst anstelle der Philosophen gewählt - ist ein Leben, welches nicht fremdbestimmt wird und auf der Vernunft beruht, die durch eigenes Nachdenken erreicht und erlangt worden ist.

Arten des eigenen Philosophierens

Wenn Du Dich beim Philosophieren auf Deinen eigenen Nutzen konzentrierst, unterscheidest Du Dich für eine von zwei Arten, die hierfür angewandt werden.

Das Streben nach Weltweisheit soll dem Verstand Orientierung und Sicherheit bringen und so den Bezug zum tatsächlichen Leben regeln. Dabei soll sie zudem dafür Sorge tragen, dass man als denkender Mensch in der Lage ist, alles was man wahrnimmt sinnvoll in seinen Gedanken zu sortieren und eine logische Einordnung dessen vorzunehmen. Wichtig hierbei ist auch, dass der Mensch wissen muss, wie er seinen Verstand auf die Sache an sich konzentrieren kann, ohne sich durch seine Umwelt und das Treiben hier ablenken zu lassen. Nur so sei er in der Lage, jegliche Situation in seinem Leben durch seinen Intellekt und Verstand problemlos zu überstehen. Wenn Deine Mitmenschen also der Meinung sind, dass Du über ein gewisses Maß an Weisheit und Vernunft verfügst, so geschieht das deswegen, weil Du durch Dein Handeln, Deine Wortwahl und durch Deine Reaktionen den Eindruck vermittelst, stets souverän Herr der Lage zu sein.

Die Philosophie ist allerdings auch eine Lebensweise. Als solche verfolgt sie das Ziel, die eigene Lebensweise anzupassen und zu hinterfragen. Dabei legt sie den Fokus auf die Umsetzung und greift hier auf die Ergebnisse zurück, die man selbst aus der eigenen philosophischen Reflexion gewonnen hat. Damit dies jedoch gelingen kann und man aus philosophischer Sicht richtig leben kann, wird vorausgesetzt, dass man über ein stark ausgeprägtes und sich stets weiterentwickelndes Denken verfügt. Aber damit nicht genug, denn das Denken und die philosophische Lebensweise sind voneinander abhängig. Philosophie setzt wie erwähnt das richtige Denken voraus, um richtig zu leben. Damit man aber philosophisch denken kann und dies auch beweisen kann, wird die richtige Lebensweise vorausgesetzt. Es geht also das eine nicht ohne das andere.

Vor allem in der Antike war die Anwendung der philosophisch bestimmten Art des Lebens sehr verbreitet. Die bekanntesten Vertreter dieser Lebensweise waren die

- Epikureer
- Kyniker
- Stoiker

Diogenes, einer der bedeutendsten Philosophen der Antike und seines Zeichens Kyniker, zeichnete ein sehr spezielles Bild seines in Übereinstimmung stehenden Denkens und Tuns. Er lebte auf eine sehr radikale Art der Enthaltsamkeit. Dieses strikte Einhalten der sich selbst gegebenen Regeln führte dazu, dass er allen in Bezug auf diese philosophische Ausrichtung ein starkes Beispiel gab, das heute noch oft Beachtung und Nennung findet. Diogenes bewies aufgrund seiner Enthaltsamkeit des Weltlichen, dass Philosophie auch stark von Muße und Ruhe beeinflusst wird und diese zum Philosophieren unabdingbar sind. Aber auch in der östlichen Philosophie ist diese Lehre der Übereinstimmung von Theorie und Praxis sehr verbreitet, allerdings hier zu wenig beachtet. In Europa orientiert man sich mehr an der abendländischen Philosophie, die vor allem aus dem antiken Griechenland stark hervorgegangen war.

Folgen des eigenen Philosophierens

Wenn Du der Philosophie nachgehst, versuchst Du nicht nur, ein für Dich schlüssiges Bild zu bestimmten Fragestellungen oder Problemen zu zeichnen. Vielmehr entwickelst Du Dich selbst fort. Durch die Auseinandersetzung mit Dir und Deiner Umwelt und Deinem Umfeld schulst Du Dich selbst ohne großen Aufwand im Denken und Argumentieren. Das bietet Dir eine Menge Vorteile, denn diese beiden Eigenschaften sind sowohl in der sprachlichen als auch methodischen Arbeit unerlässlich und strengen Anforderungen unterworfen. Dabei solltest Du wissen, dass sich das alltägliche, persönliche Philosophieren kaum vom wissenschaftlichen Philosophieren unterscheidet. Beide haben eine kritische Auseinandersetzung zu bestimmten Themen zum Inhalt. Das Einzige, was die beiden voneinander unterscheidet ist der Rahmen, in dem sie abgehalten werden und welche Formen der Abgrenzung bzw. Ausgrenzung der Philosophie an sich Anwendung finden. Übereinstimmungen findest Du über die Form der wissenschaftlichen Publikation, der Fachterminologie und den Formen der Argumentation.

3.2 Wissenschaftliche Philosophie

Demgegenüber steht die wissenschaftliche Philosophie, wie sie in allen Einzelwissenschaften Anwendung findet. Dabei umfassen einige Methoden die Tätigkeit der wissenschaftlich Philosophierenden. Diese unterscheiden sich jedoch nicht von denen, die keine wissenschaftliche Vorbildung haben. Jedenfalls nicht in der Eigenschaft, dass ihnen mehr Wissen zur Verfügung steht. Sie haben lediglich den Vorteil, dass sie in Debatten einen besseren Blickwinkel und eine bessere Argumentationsgrundlage haben, da sie hier die bereits vorgebrachten Argumente der Debatte und deren Grundlage kennen und sie somit auch besser einsetzen und einschätzen können.

Ein Beispiel hierfür ist die Euthanasie. Wenn Du dieses Thema diskutierst, wirst Du als Philosoph auf eine 2500 Jahre alte Debatte und Argumentation zurückgreifen können, in der bereits alle Pros und Contras aus allen Blickwinkeln heraus und auch unter Betrachtung der jeweiligen zeitlichen und sozialen Komponenten beleuchtet worden sind. Deswegen solltest Du in diesem speziellen Fall als wissenschaftlich ausgebildeter Philosoph wesentlich besser in der Lage sein, die jeweiligen Positionen besser unterscheiden zu können und deren Folgen aufzuzeigen. Auch Widersprüche und Probleme der unterschiedlichen Thesen solltest Du hier besser erkennen können, als der normalsterblich Philosophierende.

Darüber hinaus widmet sich die Philosophie weiteren Themen. Zu ihren weiteren Aufgaben zählen insbesondere die Thematisierung von Fragen, grundlegenden Begriffen, Positionen und Thesen, die sich aus den Einzelwissenschaften ableiten lassen und in diesen verwendet werden. Einer der bedeutsamsten Begriffe, den die Philosophie thematisiert und seit Jahrtausenden immer wieder neu betrachtet ist der der Würde. Vor allem im Bereich der Soziologie oder der Rechtsanwendungen bzw. Rechtswissenschaften wird die Würde immer wieder neu begutachtet, wenn sie in diesen Zusammenhängen diskutiert wird.

Aber auch unausgesprochene Begriffe Thesen, Positionen und Fragen werden von der Philosophie analysiert. Im Bereich der ethischen Betrachtung und Diskussion wird auf diese Weise stets die Frage nach der Gerechtigkeit gestellt. Was ist Gerechtigkeit? Was macht sie aus? Ist Gerechtigkeit gerecht? Diese Fragen werden in diesem Zusammenhang gestellt und die Begriffe, Bedingungen und Grundlagen dieser untersucht und in engem Kontext zu den Rechtswissenschaften und den daraus resultierenden Absichten gesetzt.

Des Weiteren zählen auch die Auseinandersetzungen mit Denkmustern und Gewohnheiten früherer Kulturen und Zeiten zu den Aufgaben der Philosophie. Artefakte können einen kleinen Einblick in diese Zeiten geben. Aber in einem Museum, wo Du diese besichtigen kannst, findest Du keine Antworten auf die Frage, wieso dieses Artefakt so gestaltet ist, welchen Zweck es auf Grundlage der damaligen Verhältnisse erfüllen sollte. Ein Beispiel hierfür sei das Kolosseum in Rom. Du kannst es besichtigen und Dir erklären lassen, wie es ursprünglich aussah, was hier alles gemacht werden konnte und wie der Stand der damaligen Technik war. Aber könntest Du ohne geschichtliche Vorbildung den Grund erkennen, warum es erbaut worden ist? Warum Brot und Spiele ein sehr beliebtes Mittel der römischen Kaiser waren, um das Volk bei Laune zu halten? All diese Fragen wurden im Laufe der Zeit mithilfe der Philosophie zu einem heutigen, allgemeingültigen Bild zusammengetragen.

4. Methoden der Philosophie

Unter den Methoden der Philosophie werden vor allem geistige Bestrebungen verstanden. Diese können dabei auf Denkschulen, Denktraditionen oder auch Denkrichtungen abzielen. Das Denken an sich ist eine der Kerneigenschaften, die die Philosophie mit sich bringt. Denken ist in diesem Zusammenhang sowohl Analysieren, Nachdenken und Systematisieren. Alles was Du kennst, Erkenntnisse, Glaubenswahrheiten und -bekenntnisse und rationale Argumente werden hierbei durch den philosophierenden Menschen in Bezug auf dessen eigene Lebenswirklichkeit reflektiert und angewandt. Dabei nutzt der Philosophierende seine eigene Eigenschaft des kritischen, rationalen und vernünftigen Denkens.

Die Philosophie kann zudem alles radikal infrage stellen. Methodische Zweifel können hier immer angewandt werden. Sogar, wenn es darum geht, die Philosophie selbst infrage zu stellen. Diese Eigenschaft besitzt keine andere Wissenschaft. Philosophie bedeutet aber auch, dass jeder, der einer Frage philosophisch begegnen möchte, immer wieder von Neuem anfängt. Es mag zu dieser einen Fragestellung schon unzählige Antworten, Denkanregungen und Kommentare geben, diese sind aber alle eines, nicht von demjenigen selbst. Du siehst, Philosophie kann immer stattfinden und bereits mit der Frage, was man frühstücken möchte, beginnen.

Der Philosoph hat die Aufgabe, alles, auch alltägliche oder grundlegende Tatsachen, immer wieder in Frage zu stellen und hierfür schlüssige Erklärungen zu finden. Um das verstehen zu können, musst Du Dir Deine Lebenswirklichkeit stets vor Augen führen. Du darfst diese nicht als normal betrachten. Sie sollte für Dich immer Problem oder Frage darstellen. Solltest Du dies nicht können, wird die wahrhaftige Philosophie Dir vorenthalten bleiben. Dies ist eine Grundeinstellung, die Du haben musst, damit Dir die Philosophie nicht als befremdliches Etwas erscheint.

Die Philosophie hat von Anfang an in zentralen Angelegenheiten und wichtigen Diskussionen immer wieder die gleichen grundsätzlichen Fragen gestellt. Die Antwortmöglichkeiten und Antworten an sich sind dabei immer sehr ähnlich. Aber wegen der zeitlichen, historischen, gesellschaftlichen und sozialen Änderungen in der Welt, der Weltanschauung und der Lebensumstände der Menschen hast Du als Philosoph die Aufgabe, hier stets neue Antwortformulierungen auf die grundsätzlichen Fragen des menschlichen Seins zu schaffen. Im Vergleich zu den anderen Wissenschaften siehst Du hier den Unterschied im Wissen. Die Philosophie als Wissenschaft und die Philosophierenden produzieren kein neues Wissen durch Ihre Forschung. Zudem hat die Philosophie keine definierten Grenzen und allgemeine, definitive Erkenntnisse. Ihre Aufgaben bestehen darin, auf bereits Gewesenes Antworten zu finden. Diese zu reflektieren und aus den unterschiedlichen epochalen Blickwinkeln in einem zur Gegenwart bestehenden Kontext zu betrachten, ist ihre wesentliche Aufgabe. Dadurch ist die Philosophie in der Lage, den Horizont der anderen wissenschaftlichen Fächer zu erweitern, indem eventuell anhaltende Fehldeutungen und Interpretationen ausgeräumt werden. Die Philosophie ist also kein abschließendes geistiges Gut. Sie ist mehr eine kontrovers geführte Diskussion durch die ganze Menschheitsgeschichte von Anbeginn und endet erst mit dem Ende der Menschheit.

4.1 Bereiche der Philosophie

Die heutige Philosophie lässt sich in zwei Bereiche des philosophischen Arbeitens einteilen. Diese sind zum einen die historische Herangehensweise und zum anderen die systematische.

Historische Vorgehensweise

Die historische Arbeitsweise der Philosophie zeichnet sich dadurch aus und ist geprägt von dem Versuch, die Thesen und Einstellungen sowie Positionen historischer Persönlichkeiten wie beispielsweise Platon, Immanuel

Kant oder Thomas von Aquin wieder zu untersuchen und diese Ergebnisse neu zu interpretieren. Dabei spielt der Bezug zur Geschichte eine große Rolle. Die damaligen philosophischen Auseinandersetzungen und Geistesströmungen sind hier ebenso von Bedeutung, wie geschichtliche Ideen und Begriffe.

Systematische Vorgehensweise

Die systematische Vorgehensweise ist davon gekennzeichnet, dass der Philosoph versucht, zu einer speziellen Frage oder einem speziellen, bestimmten Problem eigene Standpunkte und Ansichten auszuarbeiten, darzustellen und diese auch anderen gegenüber verständlich und nachvollziehbar zu verteidigen. Aber auch die Beantwortung von Fragen der Philosophie selbst und ihrer unterschiedlichen Bereiche und Disziplinen gehört hierzu. Zudem beschäftigst Du Dich im Rahmen der systematischen Arbeit mit der Analyse der offenen Voraussetzungen einer bestimmten Behauptung oder Frage. Wenn Du in diese Bereiche vorgedrungen bist, wirst Du Dich auch mit der kritischen Analyse von bestimmten Begriffen befassen. Das bedeutet, dass Du je nach Fragestellung erst einmal versuchen musst, die in dieser Frage befindlichen Begriffe zu analysieren und zu interpretieren. Bei der Frage "Hat der Mensch einen eigenen freien Willen" hast Du direkt drei Begriffe, die Du der philosophischen Untersuchung unterziehen musst. Dies sind die Begriffe Freiheit, Mensch und Willen. Es kann bei dieser Fragestellung sogar noch auf einen vierten Begriff hinauslaufen. Haben! Welche Bedeutung steckt hinter diesem kleinen Wort? Und daraus ließen sich dann noch weitere Begriffe abklären. Du siehst, dass die Philosophie ein immerwährender Prozess ist, der nicht abschließend beantwortet werden kann.

Abgrenzung voneinander - Ergänzung gegenseitig

Zwischen historischer und systematischer Vorgehensweise findest Du eine grundsätzliche Abgrenzung. Diese bestimmt sich durch das Ziel der jeweiligen philosophischen Betrachtung bzw. Untersuchung. Allerdings wird Dir auffallen, dass es sich hierbei eher um eine theoretische Annahme handelt. Die meisten Philosophen wenden beide Arten an. Das liegt vor allem daran, dass sie sich gegenseitig auch ergänzen. Diese Kooperation findest Du bei den Artikeln und Schriften bedeutender Philosophen, die stellenweise zu bestimmten Fragen und Themen Überleitungen bilden, sowie in bereits existierenden Untersuchungen, die zur Präzisierung klassischer Themenfelder herangezogen werden können. Du wirst aber auch schnell feststellen, dass Du bei manchen Fragestellungen erst dann systematisch arbeiten kannst, wenn Du den historischen Hintergrund kennst und vor allem auch verstehst. Hierzu zählen die Gründe für die Fragestellung, die bisherige Behandlung und Ergebnisse, Definition der Begrifflichkeiten sowie vorgeschlagene Lösungsansätze.

4.2 Philosophische Disziplinen

Du wirst feststellen, dass es in der Philosophie zwei grundlegende Arten gibt. Diese sind zum einen die theoretische Philosophie und zum anderen die praktische Philosophie.

Theoretische Philosophie

Die theoretische Philosophie beschäftigt sich mit den Grenzen und den Möglichkeiten der menschlichen Erkenntnis, ihres Vermögens sowie den generellen Strukturen, die das menschliche Bewusstsein ausmachen. Des Weiteren findest Du in dieser Betrachtungsweise die Auseinandersetzung der Philosophie mit allgemeingültigen Fragen und Definitionen zu dem Thema des menschlichen Seins.

Disziplinen der theoretischen Philosophie

Die theoretische Philosophie unterteilt sich in die Disziplinen:

- Erkenntnis- und Wissenschaftstheorie
- Logik
- Metaphysik
- Ontologie

Erkenntnistheorie

Die Erkenntnistheorie stellt seit Immanuels Kants "Kopernikanischen Wende" eine der fundamentalen Theorien für viele Philosophen in der heutigen Philosophie dar. Die Erkenntniskritik führt Dich in Deinem Denken an die Grenzen des menschlichen Geistes. Sie beschäftigt sich mit den Voraussetzungen, Möglichkeiten und Grenzen der menschlichen Erkenntnis. Die Erkenntniskritik behandelt einzig und allein die Bedingungen, die gegeben sein müssen, damit ein Mensch überhaupt die Möglichkeit der Erkenntnis besitzt. Hier unterscheidet sich die Erkenntniskritik deutlich von der Erkenntnistheorie. Diese untersucht auch, wie eine Erkenntnis zustande kommt und wie diese sich im weiteren Verlauf der menschlichen Erkenntnistätigkeit entwickelt.

In der Erkenntnistheorie wirst Du Dich im Wesentlichen mit der Frage beschäftigen, welche Möglichkeiten der Mensch hat, sich Wissen anzueignen und wie man dieses Wissen auch für künftige Generationen sichern kann. Eine der elementaren Aufgaben der Erkenntnistheorie liegt in der Problematik, wie sich die Wahrheit oder Fehlschlüsse zu bestimmten Theorien überprüfen lassen. Dabei wird die Wirklichkeitswahrnehmung genauso überprüft wie der Einfluss, den Sprache und Denken auf das Erlangen von Wissen haben. Darüber hinaus kannst Du bei der Erkenntnistheorie sogar wissenschaftliches Arbeiten feststellen, da diese Art der Philosophie nicht nur der Frage nach den Grenzen nachgeht, sondern vielmehr auch einen Versuch unternimmt, diese Grenzen zu definieren und sichtbar zu machen.

Die bekanntesten und wichtigsten Vertreter der Erkenntnistheorie sind:

- Aristoteles
- Platon
- René Descartes
- John Locke
- David Hume
- Immanuel Kant
- Auguste Comte
- Edmund Husserl
- Ludwig Wittgenstein

Wissenschaftstheorie

In einem engen Zusammenhang zur Erkenntnistheorie steht die Wissenschaftstheorie. Diese analysiert die Voraussetzungen, Methoden und Ziele von Wissenschaft bzw. definiert auf diesem Wege, wie Wissenschaft und wissenschaftliches Arbeiten gekennzeichnet ist. Mit dieser eindeutigen Definition zeigt sie die Grenzen zwischen der Wissenschaft an sich und den Pseudowissenschaften. Mit Hilfe dieser Definitionen haben sich im Laufe der Zeit mehrere Vorgaben herausgestellt, die von den jeweiligen Einzelwissenschaften nicht selbst zu rechtfertigen sind. Zu diesen Methoden zählen unter anderem

- die Notwendigkeit der Wiederholbarkeit von Experimenten
- das Ökonomieprinzip ("Ockhams Rasiermesser")
- das Prinzip der Falsifizierbarkeit als Voraussetzung für sinnvolle wissenschaftliche Aussagen

Diese Verfahren, Methoden und Theorien sind aufgrund der Wissenschaftstheorie zu einem unverzichtbaren Bestandteil der Wissenschaftsmodelle geworden, an die Du Dich zu halten hast, solltest Du eines dieser Experimente oder Verfahren in Deinem Schaffen auf den Prüfstand stellen.

Eine weitere Aufgabe der Wissenschaftstheorie liegt in der Begutachtung des Verhältnisses von Wahrheitskonzepten bzw. Wirklichkeitskonzepten und den wissenschaftlichen Erkenntnissen. Darüber hinaus wirst Du Dich im Bereich der Wissenschaftstheorie auch damit beschäftigen, wie man das menschliche Wissen einteilen und ordnen kann. Dabei spielt die Hierarchisierung der einzelnen Wissensgebiete eine ebenso große und wichtige Rolle wie die prinzipielle Untersuchung des wissenschaftlichen Fortschritts. Wie Du siehst, ist die Philosophie nicht starr, sondern immer in Abhängigkeit unterschiedlicher Parameter zu setzen.

Die bekanntesten und wichtigsten Vertreter der Wissenschaftstheorie sind:

- Aristoteles
- Francis Bacon
- Rudolf Carnap
- Karl Popper
- Thomas Kuhn
- Paul Feyerabend
- Hilary Putnam

Logik

In der Logik kommt es nicht auf die Inhalte an. Sie beschäftigt sich im Wesentlichen mit der Gesetzmäßigkeit der aus dem Handeln heraus resultierenden Folgen und deren Richtigkeit. Durch die Logik lassen sich bestimmte Schlussfolgerungen, die sogenannten Konklusionen, auf gewisse Voraussetzungen, Prämissen, ziehen. Dabei beleuchtet sie insbesondere die Grundlage und die Regeln, wonach diese Ereignisse eintreten. Die Logik begründet somit die Basis aller Arten der Wissenschaft, die auf der Argumentation bzw. auf Argumenten basieren.

Anders als heute wurde der Begriff früher viel weitreichender ausgelegt. Zu Zeiten der Stoa, der Philosophenschule des antiken Griechenlands, wurden mit Logik auch die heutigen Bereiche der Rhetorik, Erkenntnisphilosophie und der Sprachphilosophie bezeichnet. In bestimmten Teilen wirst Du diese weitreichendere Bedeutung auch noch in der Literatur bis ins frühe 20. Jahrhundert wiederfinden.

Heute bezeichnet die moderne Philosophie das Element der Logik nur noch als formale Logik. Hier wird nur noch die Wissenschaft des korrekten Folgerns betrachtet. Hierbei ergeben sich zudem einige Überschneidungen aus den mathematischen und informatiktechnischen Bereichen. Vor allem in der Mathematik ist die übereinstimmende Meinung, dass sich alles logisch aus irgendwelchen Voraussetzungen ableiten und folgern lässt. Lediglich die Axiom-Findung ist von dieser These ausgenommen. Im Gegensatz hierzu ist eine Ausdehnung bzw. Verbreitung dieser Meinung in den Bereich anderer Gebiete vor allem der Sprechakttheorie und Argumentationstheorie sehr fragwürdig.

Als die prägendsten Logiker der Philosophiegeschichte gelten u. a.

- Alfred Tarski
- Alfred N. Whitehead
- Aristoteles
- Bertrand Russell
- Charles Sanders Peirce
- Chrysipp
- Gottlob Frege
- Johannes Buridanus
- Kurt Gödel

Metaphysik

Die Metaphysik ist der eigentliche Kern der Philosophie und das seit Beginn an. Hier wirst Du Themen behandeln, die sich mit der Wirklichkeit befassen. Du wirst Dich damit auseinandersetzen, wie diese Wirklichkeit Dir und anderen erscheint und versuchen, alles in einen sinnvollen Zusammenhang zu setzen. Hier geht es um fundamentales Wissen und die allgemeine Weltstruktur. Sie beleuchtet die noch verbleibenden Fragen in Bezug auf den Menschen und den Sinn und Zweck seines Seins sowie des Seins des gesamten Universums.

Die Metaphysik unterteilt sich in zwei Bereiche, den generellen und den speziellen Zweig. In der generellen Metaphysik ist die Ontologie angesiedelt, die sich mit den Fragen des Seins und des Individuums bzw. des Seienden beschäftigt und deren Grundstrukturen untersucht.

Dem gegenüber steht die spezielle Metaphysik. Hier findest Du drei Disziplinen philosophischen Schaffens wieder. Diese drei Disziplinen behandeln unabhängig voneinander folgende Fragen:

- die existente Betrachtungsweise von Gott und seine potentiellen Ausprägungsformen (rationale respektive natürliche Theologie)
- die Unsterblichkeit der Seele und der freie Wille, sowie eine differenzierte Sichtweise zwischen Geist und Materie (rationale Psychologie)
- die Ursache, Verfasstheit und den Zweck des Universums (rationale Kosmologie)

Diese speziellen Fragen werden von den klassischen Naturwissenschaften nicht mehr behandelt. Das liegt unter anderem daran, dass diese vor allem auf wissenschaftliche Erkenntnisse und Verfahren zurückgreifen. Die oben genannten Fragen lassen sich aber nicht auf diese Weise ergründen. Die Metaphysik beschäftigt sich mit den Dingen, die nicht auf empirische Weise belegt werden können, und versucht, diese in einen sinnvollen Kontext zu bringen. Du wirst aber schnell erkennen, dass die Metaphysik und ihre Betrachtung dieser Fragen genau in dem Moment endet, in dem diese Fra-

gen für irrelevant erklärt werden bzw. die Existenz der empirisch nicht zu ergründenden Dinge bestritten wird.
Vor allem in der ersten Hälfte des 20. Jahrhunderts wuchs die Kritik an der Metaphysik. Der Positivismus und Anhänger der analytischen Philosophie drängten auf eine Abschaffung der Metaphysik. Man wollte stattdessen die logische Analyse der Sprache mehr in den Vordergrund rücken.
Dieser Entwicklung versuchten andere Philosophen entgegen zu wirken. Einer dieser Schaffer war Martin Heidegger. Er wollte die Metaphysik überwinden und die Frage nach dem menschlichen Sein radikal umstrukturieren und so einen Neuansatz generieren. Diese alternative Metaphysik wirst Du unter der Bezeichnung Fundamentalontologie oder Existenzphilosophie kennen lernen. In der jetzigen Zeit jedoch ist eine Abkehr dieser Thesen bemerkbar und die traditionelle Metaphysik rückt wieder in den Vordergrund. Gerade onthologische Fragen und Probleme werden wieder gesteigert auf diese Art und Weise im Bereich der philosophischen Diskussion betrachtet.

Die bekanntesten und wichtigsten Vertreter der Metaphysik waren:

- Aristoteles
- Platon
- Thomas von Aquin
- René Descartes
- Gottfried Wilhelm Leibniz
- Vertreter des Deutschen Idealismus und der Neuscholastik

Ontologie

Die Ontologie ist vom Grundsatz her ein Zweig der Metaphysik, wird aber im philosophischen Kontext der einzelnen Disziplinen oftmals als eigenständig betrachtet. In der Ontologie behandelst Du in erster Linie Fragen, die sich mit den Themen Individuum und dem Sein beschäftigen. Dabei werden vor allem die bestehenden Grundstrukturen dieser beiden Begriffe untersucht, analysiert und definiert.

Praktische Philosophie

In der praktischen Philosophie liegt Dein Hauptaugenmerk in der Untersuchung des menschlichen Handelns.

Disziplinen der praktischen Philosophie

Die praktische Philosophie gliedert sich in die Disziplinen:

- Ethik
- politische Philosophie
- Rechtsphilosophie
- Sozialphilosophie

Ethik

Eine der philosophischen Disziplinen ist die Ethik. Dieser Begriff wurde von Aristoteles gewählt. Unter Ethik, aus dem griechischen Ethos abgeleitet, verstand Aristoteles die wissenschaftliche Beschäftigung mit Bräuchen, Gewohnheiten und Sitten. Allerdings solltest Du wissen, dass Ethik nicht von Aristoteles, sondern von Sokrates geprägt und in den Fokus des philosophischen Denkens gesetzt worden ist.

Bei dieser Art des Denkens ist man davon ausgegangen, dass der Mensch aufgrund seines Geistes und seiner Möglichkeit des rationalen Denkens sein Leben nicht von althergebrachten Traditionen und Glaubensbekenntnissen leiten lassen sollte. Aristoteles wollte nachweisen, dass der Mensch sein Leben an Wissen und Erfahrungen ausrichtet und sich anhand seines Wirkens auch reflektieren kann. Somit hatte Aristoteles seine Ansicht der Ethik auf das gesamte menschliche Sein und Handeln ausgeweitet. Aristoteles hat dies dann mit seinen ihm zur Verfügung stehenden philosophischen Mitteln normiert. Daraus leiteten sich dann ganze Handlungsweisen ab, die sich über lange Zeiten hielten und teilweise bis heute noch Bestand haben.

Unter der heutigen Ethik wirst Du diese Denkweisen kaum noch wiederfinden. Heute beschäftigt sich Ethik nicht mit der Normierung, sondern damit, Kriterien und Maßstäbe zu finden und zu fassen, die sich auf das menschliche Handeln beziehen und dieses entweder als gutes oder schlechtes Handeln definieren. Zudem wirst Du sehen, dass sich die Ethik damit beschäftigt, Folgen des Handelns und die Motivation zu bestimmten Handlungsweisen abzubilden und zu bewerten. Diese Art ist der Grundstein für alle ethischen Bereiche bzw. der angewandten Ethik. Sie befasst sich in den verschiedenen Bereichen mit normativen Problemstellungen und spezifischen Lebensbereichen. Darüber hinaus wirst Du hier auch die Sozialethik und Individualethik als Aufgabenfeld auffinden.

In der Philosophie baut die Ethik allein auf der Vernunft auf. Alles ist rational durchdacht und belegbar. Aufgrund dieser Tatsache unterscheidet sie sich von der klassischen Ethik und dem hierin begründeten Wesen der theologischen Ethik und deren Selbstverständnis, dass alles, was geschieht, Gottes Wille ist. Damit setzt die klassische Ethik voraus, dass Du den allgemeinen Glauben teilst und an Gott glaubst und dessen Offenbarung annimmst.

Die Ethik verfolgt das Ziel, allgemeingültige Werte und Normen zu erarbeiten. Dabei musst Du allerdings eine Abgrenzung machen. Auf der einen Seite hast Du die deskriptive Ethik, die keine moralischen Urteile fällt, und auf der anderen Seite findest Du die tatsächliche Ethik wieder. Diese versucht, die in der Gesellschaft vorhandene und gelebte Moral empirisch zu beschreiben. Zu Beginn des 20. Jahrhunderts bildete sich die Metaethik als eigenständige Disziplin des philosophischen Denkens im ethischen Kontext heraus. Sie reflektiert das moralische und ethische Sprechen in Bezug auf die logischen, allgemeinen, semantischen und pragmatischen Strukturen. Somit kannst Du die Metaethik als Grundlage der normativen und deskriptiven Ethik unserer heutigen Zeit betrachten.

Um Recht zu schaffen und durchzusetzen, bedarf es einer ethischen Betrachtungsweise. Recht muss immer in einem engen Zusammenhang zur Ethik stehen. Das subjektive Recht, wie Du es kennst, ist die Verknüpfung von Ethik und Recht.

Politische Philosophie

Die politische Philosophie untersucht den Sinn des politischen Handelns und des politischen Weges. Dabei kritisiert sie als normative Disziplin alle politischen Entscheidungen. Zurückzuführen ist sie auf die Antike. Ihre bekanntesten Vertreter waren

- Aristoteles
- Platon

Sie rückt die gesamte politische Gesellschaft in den Blickpunkt. Dabei reflektiert sie im Rahmen der ethischen Kritik die sozialen und politischen Verhältnisse. Sie zeigt die Einheit der gesellschaftlichen Säulen von Geschichte, Politik und Recht auf. Zu ihren Kernaufgaben gehören die Themen:

- Gerechtigkeit
- Legitimation
- Herrschaft
- Macht
- Freiheit
- Menschenwürde
- Frieden

Sie verbindet zudem die angewandte Ethik mit der politischen Theorie und greift dabei die politische Ideengeschichte auf. Ihre Hauptaufgabe ist daher die Kritik des politischen und somit des menschlichen Handelns allgemein. Bekannte und wichtige Vertreter der politischen Philosophie waren und sind:

- Aristoteles
- Augustinus
- Carl Schmitt
- Hannah Arendt
- Immanuel Kant
- Jean-Jacques Rousseau
- John Locke
- Karl Marx
- Karl Popper
- Marsilius von Padua
- Michail Bakunin
- Michel Foucault
- Niccolò Machiavelli
- Platon
- Thomas Hobbes

Rechtsphilosophie

Im Bereich der Rechtsphilosophie findest Du eine direkte Anwendung der Ethik. Die Rechtsphilosophie ist zugleich eine Grundlage der Rechtswissenschaften. Sie behandelt auf Basis der Begriffe "gut" und "schlecht" die Frage nach Recht und Gerechtigkeit. Dabei setzt sie dies immer in einen

engen Kontext zu den Folgen einer Verletzung ethischer und moralischer Normen.
In diesem Sinne nimmt sie Bezug zu den Fragen:

- Entstehung des Rechts
- Einsetzung des Rechts
- Legitimation des Rechts
- Verhältnis von "natürlichem Recht" (vgl. Menschenrechte) und "gesetztem Recht" ("positives Recht")
- Reihenfolge der Wichtigkeit von Rechtsnormen und ihrer Außerkraftsetzung

Bekannte Rechtsphilosophen waren und sind:

- Gustav Radbruch
- H.L.A. Hart
- Hans Kelsen
- Hugo Grotius
- John Rawls
- Jürgen Habermas
- Niccolò Machiavelli
- Niklas Luhmann
- Robert Alexy
- Ronald Dworkin
- Thomas Hobbes

Sozialphilosophie

In der Sozialphilosophie, die auch oft als Gesellschaftsphilosophie bezeichnet wird, beschäftigst Du Dich vornehmlich mit den Fragen zu Sinn und Wesen der Gesellschaft bzw. einer Gesellschaft. Du wirst Dich mit den Strukturen des Gemeinwesens sowie dem Verhältnis des einzelnen Individuums zu dieser Gesellschaft befassen. Stellenweise wirst Du einige Berührungspunkte mit der Soziologie erkennen. In die Bewertungen und Analysen der Sozialphilosophie fließen neben Deinen geisteswissenschaftlichen Erkenntnissen aber auch andere Erkenntnisse aus verschiedenen Bereichen der Publizistik mit ein.

Die Sozialphilosophie hat ihren Ursprung im britischen Raum, wird dort aber eher als politische Philosophie verstanden. Bei uns ist die Sozialphilosophie eine Art Ausweichmöglichkeit. Hierunter werden alle Arbeiten zusammengefasst und betrachtet, die einer gängigen philosophischen Betrachtungsweise aus den Bereichen Anthropologie, Ethik, Rechts- Staats- und Geschichtsphilosophie unterzogen werden können.

Die Sozialphilosophie lässt sich nach jetzigem Stand nach Detlef Horster in sieben Kategorien unterscheiden:

- die gegensätzliche Beziehung der philosophischen Theorie zur sozialwissenschaftlichen Praxis
- Disziplin der Zeitdiagnose
- Disziplin, die sich mit den Problemen der Gesellschaft und des Einzelnen auch zueinander beschäftigt
- normative Ergänzung der deskriptiv verfahrenden Soziologie
- politische Philosophie (in der angelsächsischen Tradition)
- umgreifende Klammer für die praktischen Teildisziplinen der Philosophie
- Verfahren, in denen die sozialen Pathologien erörtert werden

Der Begriff der Sozialphilosophie wurde im deutschsprachigen Raum erstmals zum Ende des 19. Jahrhunderts erwähnt. Zu diesem Zeitpunkt haben sich sowohl die Geisteswissenschaften als auch die Sozialwissenschaften von den Naturwissenschaften abgesetzt und als selbstständige Einzelwissenschaft festgesetzt. Die Philosophie an sich hingegen war zu diesem Zeitpunkt immer noch ein Teil der jeweiligen Einzelwissenschaften.

Betrachtet werden in der Sozialphilosophie vor allem Gegenstände, in denen die ethische Wertung und Prüfung eine sehr große Rolle spielen. Die hieraus resultierende Sozialethik ist mittlerweile eine eigene Disziplin der Sozialphilosophie. Sie behandelt moralische Fragen zur Gesellschaft allgemein oder speziell und diskutiert diese systematisch.

Der Kern der sozialphilosophischen Arbeit findet sich dabei in der Klärung von existenziellen Fragen wie beispielsweise:

- Notwendigkeit eines Gesellschaftsvertrages?
- Wie zeichnet sich eine Gesellschaft aus? (Organismus, Prozess ...)
- Wie funktioniert Gesellschaft? (Gemeinwohl, Subsidiarität ...)
- Welche Regelungen müssen für ein gemeinschaftliches Zusammenleben gegeben sein / geschaffen werden?
- Abhängigkeit der Menschen voneinander?

Diese Fragen, so wirst Du sicherlich feststellen, sind seit den Ursprüngen der Philosophie in der Antike bis jetzt immer wieder von den verschiedensten Philosophen unter Berücksichtigung der menschlichen Entwicklung, der Zeitgeschichte und den jeweiligen historischen und politischen Gegebenheiten der Zeit des jeweiligen Philosophen behandelt, analysiert und bewertet worden, allerdings nicht als eigenständige wissenschaftliche Betrachtung, sondern immer nur als Teil eines bestimmten philosophischen Bereichs. Eine Erwähnung und Manifestierung des Begriffs selbst kann erst mit Aufkommen der bürgerlichen Revolution und dem Überdenken bisheriger Herrschaftsformen und neuer Staatskonzepte zum Ende des 19. Jahrhunderts festgestellt werden.

Diese Diskussion wurde größtenteils sehr konträr von den bedeutendsten Philosophen dieser Zeit geführt. Einige der wichtigsten Thesen hierzu sind:

- Thomas Hobbes: Der Absolutismus des Staats ist die notwendige Voraussetzung, um den permanenten Kampf der Individuen zu stoppen (bellum omnium contra omnes)
- Max Stirner: Der Einzelne ist vollkommen ungebunden (Solipsismus)
- Karl Marx: Der Mensch ist gesellschaftlich bedingt (Dialektischer Materialismus)
- Amitai Etzioni u. a.: Entwicklung von Ideen zum Kommunitarismus
- Rudolf Steiner: Entwicklung von Ideen zur Dreigliederung des sozialen Organismus
- Erich Fromm: Differenzierung der Beziehung von Individuum und Gesellschaft in Haben oder Sein und die Kunst des Liebens
- Joseph Beuys: "Erweiterter Kunstbegriff" Soziale Plastik, beziehungsweise soziale Skulptur, und Forderung eines kreativen Mitgestaltens an der Gesellschaft
- Kurt Röttgers: Keine "Menschenbilder", stattdessen medialer Prozess zwischen den Menschen, "kommunikativer Text"

Die Sozialphilosophie stellt in ihrem Wesentlichen einen Zusammenhang zwischen allem her, was die Gesellschaft in all ihren Facetten und Bereichen betrifft. Dabei nimmt sie auch stets Bezug zu den historischen, politökonomischen, kulturellen, gesellschaftsmoralischen und zukunftsweisenden Bedingungen einer jeden Form. Dadurch hat sie auch einen idealistischen Bestandteil, dessen Wesen es ist, ergründet zu werden. Sie hinterfragt alles, was das menschliche und gesellschaftliche Handeln und Zusammenleben betrifft und prägt und folgt dabei einer bestimmten Leitidee. Diese wird von dem Wunsch der Menschen / Gesellschaft getragen, dass es endlich anders werde. Das bedeutet, Adorno, von dem dieser Ausspruch

stammt, wollte der Sozialphilosophie somit eine Richtung vorgeben, indem man als Philosoph alles Bestehende infrage stellt und nach Alternativen für die Gesellschaft sucht. Hieraus resultieren letztendlich Errungenschaften wie eine demokratische Staatsform, in der das Volk einen Großteil des staatlichen Handelns bestimmt. Allerdings solltest Du wissen und berücksichtigen, dass hier nur eine These aufgestellt und begründet wird. Wie diese zum Schluss in der Realität Bestand hat und umgesetzt wird, ist wieder ein anderes Thema, mit dem sich dann auch wieder ein anderer philosophischer Kreis beschäftigen muss.
Die hieraus entstammenden Überschneidungen ergeben sich insbesondere in der:

- Anthropologie
- Politikwissenschaft
- Politischen Philosophie
- Rechts- und Staatsphilosophie
- Soziologie
- Wirtschaftsphilosophie

Weitere Felder der Philosophie

Sprachphilosophie

In der Sprachphilosophie geht es um die Sprache als eigenständige Wissenschaft und ihrer Beziehung zum Denken und der Wirklichkeit. Dabei wird die Sprache systematisch zerlegt und die Begriffe auf ihre Inhalte und Bedeutung hin stets analysiert und katalogisiert bzw. geordnet. Die Sprachphilosophie ist eine der ältesten Disziplinen des philosophischen Arbeitens und seit Beginn an vertreten und nachweisbar.

Der Sprache wurde somit von Anbeginn an eine immense Bedeutung zugesprochen, die in vielen Bereichen zur Geltung kommt. Sie ist die Grundlage für:

- Beschreibung und Wahrnehmung der Welt
- Erkenntnismöglichkeiten
- kommunikative Prozesse
- Wahrheitsfindung

Die Sprache ist ein grundlegendes und zentrales Thema in der Philosophie.

Anfangsphase

Die ersten Ansätze einer kontrovers geführten Diskussion in der Sprachphilosophie erkennst Du bereits in der Antike. Der Ausdruck "von Natur aus" ist zu dieser Zeit schon ausgiebig diskutiert worden. Dabei geht es vor allem um die Frage, ob dieser Ausdruck so stehen gelassen werden kann oder ob er willkürlich festgelegt worden ist. Im ersten Fall kann man die Frage mit einem Ja beantworten, wenn bewiesen worden ist, dass sich gewisse Muster und Strukturen in der Natur immer wieder finden und stets gleich ablaufen. Ein Beispiel hierfür wäre die Beweisführung zum Thema Schwerkraft. Hier wurde nachgewiesen, dass alles sich nach unten bewegt, wenn es nicht durch irgendetwas gehalten wird. Diese These oder Belegbarkeit wurde dann von Newton, zwar einige Jahrhunderte später erst, dann auch auf wissenschaftliche Art dokumentiert und bewiesen.
Im zweiten Fall sieht die Sache anders aus. Hier steht tatsächlich eine nicht belegbare oder nachprüfbare These im Raum. Der Mensch ist "von Natur aus " gut. Diese Aussage kann so nicht stehen bleiben. Beweisbar ist sie nur bei dem Menschen, der sich in Bezug auf die allgemeine gesellschaftliche Bedeutung von gut auch so verhält. In der Antike waren beispielsweise Praktiken und Riten gut, die einem heutigen Verständnis dieses Begriffes absolut entgegenstehen.

Moderne

Durch die Linguistische Wende im 20. Jahrhundert wurde die Sprachphilosophie aus einem anderen Blickwinkel betrachtet. Seit diesem Zeitpunkt untersucht sie die Wirklichkeitserfassung und wie diese in Abhängigkeit zu den sprachlichen Möglichkeiten steht. Dabei bezieht sie die jeweiligen Möglichkeiten des jeweils betrachteten Individuums mit ein und stellt diese in den zuvor genannten Kontext (vgl. Sapir-Whorf-Hypothese). Des Weiteren untersucht sie, wie durch das Mittel der Kommunikation Wissen und Erkenntnis erlangt werden und wie sich eine Wahrheit aus dieser Kommunikation erschließen lässt (vgl. Sprachspiel). Zudem wird eine Erklärung dafür gesucht, wie sich Handlungen ergeben und vollziehen lassen, die auf Grundlage der Sprache und solcher Äußerungen basieren. Allerdings stellt sie auch heraus, dass die Sprache einen verzerrenden Einfluss auf die Realität haben kann. Dies ist vor allem in der feministischen Linguistik zu finden. Ein weiterer wichtiger Aspekt sprachphilosophischer Untersuchungen stellt die Auseinandersetzung mit dem Begriff "Bedeutung" dar.

Die wichtigsten und bedeutendsten Sprachphilosophen der Geschichte, die sich vor allem der modernen Sicht anschlossen, sind und waren:

- Gottlob Frege
- Saul Aaron Kripke
- George Edward Moore
- Charles S. Peirce
- W.v.O. Quine
- Bertrand Russell
- Ludwig Wittgenstein

Weitere Vertreter dieser philosophischen Richtung sind auch Schüler der namhaften Philosophen. So stammen wichtige Beiträge unter anderem von:

- Jacques Derrida (Poststrukturalismus)
- Michel Foucault (Diskursanalyse)

- Martin Heidegger (Etymologie und Neologismen)
- Ferdinand de Saussures (Strukturalismus)

In der praktischen Philosophie wird sehr viel Wert auf die Ethik gelegt. Diese philosophische Ethik basiert auf der menschlichen Vernunft. Dabei legt sie die Kriterien fest, mit denen Handlungen beurteilt werden und baut eine Bewertung bezüglich derer Konsequenzen, Motive und Voraussetzungen auf. Die Moral wird hierbei nicht berücksichtigt. Diese schreibt lediglich vor, wie bestimmte Handlungen aufgrund ihrer Tradition oder konventionellen Art aussehen. Hier musst Du allerdings berücksichtigen, dass die normative Ethik das Ziel verfolgt, allgemeingültige Normen und Werte zu definieren. Somit zielt sie indirekt wieder auf die Moral und traditionellen Werte ab.

Viele Philosophen vertreten in diesem Bezug die Meinung, dass dieses Werteziel dann in diesem Moment, in dem eine Abzielung auf Traditionen erfolgt, gescheitert ist. Dies begründen sie damit, dass sowohl Humes Gesetz als auch die Deontische Logik den Beweis führen, dass eine Norm nicht aufgrund nichtnormativer Sätze und Strukturen geschaffen werden kann. Das bedeutet, dass zur Schaffung von Normen immer gewisse andere Normen, Werte oder Präferenzen gegeben sein bzw. vorausgesetzt werden müssen. Aus diesem Grund sehen sie die rationale Ethik lediglich als Prüfinstanz, ob gewisse Normen in ihrer Logik mit übergeordneten Zielen vereinbar sind. Ist dies nicht so, so seien ethische Maßstäbe für eine grundsätzliche Zweckorientierung aus Sicht der Logik nicht möglich.

Auf der anderen Seite wird von anderen Vertretern der philosophischen Richtungen stets der Versuch gestartet, eine absolute Begründung zu finden und das, obwohl diesem verschiedene und gegenseitig in Konkurrenz stehende Konzepte vorausgehen. Die transzendentalpragmatische, absolute Normenbegründung der Diskursethik nach Apel stellt die bekannteste Variante in Deutschland dar. Dieser These nach zu urteilen, ist bereits jeder, der an etwas zweifelt, Teil eines philosophischen Diskurses, der auch die ethischen Regeln eines Diskurses akzeptiert.

In der praktischen Philosophie gehen Vertreter dieser Disziplinen auch dem Versuch nach, ein allgemeines Kriterium oder eine oberste Regelung zu finden, die ein moralisches Handeln definiert und somit gegebenenfalls auch legitimiert. Dieser Versuch ist jedoch vom Grundsatz her nur theoretisch, da hierfür die gleichen Wünsche bei allen Beteiligten vorausgesetzt werden müssen. Und die Wünsche, die jeder Einzelne für sich generiert, sind selten in Einklang mit den Wünschen des gesamten, gesellschaftlichen Wesens zu setzen. Dieses Ziel ist gemäß dem Utilitarismus das größte Glück der meisten. Allerdings wird auch Kants kategorischer Imperativ stark vertreten.

"Handle nur nach derjenigen Maxime, durch
die du zugleich wollen kannst, dass sie ein
allgemeines Gesetz werde."

"Handle so, dass du die Menschheit sowohl in
deiner Person, als in der Person eines jeden
anderen jederzeit zugleich als Zweck, niemals
bloß als Mittel brauchst."

Immanuel Kant: Grundlegung zur Metaphysik
der Sitten, Akademie-Ausgabe Kant Werke IV,
S. 421 bzw. S. 429, 10-12

Dem gegenüber steht die deskriptive Ethik. Diese hat als Kern die verschiedenen vorhandenen Moralvorstellungen. Sie versucht, diese Vorstellungen genau zu definieren und zu beschreiben. Aufgrund ihrer empirischen Arbeitsweise ist sie weniger der Philosophie anzugliedern. Sie wird eher als ein Teil der Humanwissenschaften gesehen und verstanden.

Du stellst Dir nach all dem sicherlich die Frage, was denn nun Basis der Ethik ist. Nun, die Basis der allgemeinen Ethik begründet sich in der sogenannten Metaethik. Diese analysiert das Sprechen über die Ethik und deren Begriffe wie beispielsweise "gut", "böse" etc. und deren Folgerungen im normenlogischen Kontext.

Die Ethik ist eine der wichtigsten und bedeutsamsten Disziplinen, die Du in der Philosophie finden kannst. Zudem ist sie eine der wenigen, die bislang von anderen Wissenschaften nur kaum infrage gestellt worden ist. Die Betonung liegt hier vor allem auf anderen Wissenschaften, da die Philosophie eine Wissenschaft ist, die alles infrage stellt und sogar sich selbst stets kritisch untersucht und hinterfragt. Sie wird auch deshalb kaum infrage gestellt, weil sie im Vergleich zu anderen Wissenschaften, deren Ergebnisse sich auf Fakten zurückführen lassen und somit aufzeigen, wie gewisse Ziele erreicht werden können, keinen belegbaren Beweis erbringen kann. Wie wollen beispielsweise Formeln oder Ergebnisse zeigen, welchen Zweck jemand verfolgen soll. Diese Frage kann nur die Philosophie versuchen zu beantworten und in einen verständlichen Kontext stellen. Allerdings solltest Du wissen, dass diese Allgemeingültigkeit auch jederzeit wiederum von einem anderen angezweifelt und neu definiert werden kann. Schließlich ist jeder Philosoph, der sich kritisch mit einer Frage oder Problemstellung auseinandersetzt.

In der heutigen Gesellschaft findet eine große Auseinandersetzung mit den Themen der Bereichsethik statt. Unter dem Begriff der Bereichsethik sind unter anderem

- Hackerethik
- Informationsethik
- Medizinethik
- Tierethik
- Wissenschaftsethik
- Schaffung von Institutionen wie dem Nationalen Ethikrat

zusammengefasst.

Diese stehen jedoch in einem Kontrast zum Amoralismus und Relativismus, die alle ethischen Werte nicht nur hinterfragen, sondern in Gänze infrage stellen.

Einflussreiche Ethiker sind unter anderem:

- Karl-Otto Apel
- Aristoteles
- Thomas von Aquin
- Jeremy Bentham
- Epikureer
- Hans Jonas
- Immanuel Kant
- John Stuart Mill
- Max Scheler
- die Stoiker

Neuere Disziplinen

Mittlerweile sind neben den klassischen Disziplinen auch neuere Herangehensweisen zu finden.

Philosophie des Geistes und des Bewusstseins

Vor allem die Philosophie des Geistes und des Bewusstseins sei hier zu nennen. Trotz der Tatsache, dass hier mitunter die ältesten Fragen der Menschheit und der Philosophie erörtert werden, sind die beiden Themenfelder Philosophie des Geistes bzw. die Philosophie des Bewusstseins sehr junge Bereiche. Sie sind mittlerweile eigenständige Bereiche der Philosophie, behandeln aber disziplinübergreifend alle Fragestellungen. Diese beiden Bereiche grenzen in ihren Untersuchungen an moderne Wissenschaften an, die den kognitiven und neurologischen Bereich des Menschen betreffen.

In ihrem Mittelpunkt werden Fragen nach dem Geist und dem Bewusstsein philosophisch bearbeitet. Aber auch das Verhältnis zwischen Leib und Seele wird empirisch untersucht und bezieht Untersuchungen zu Themen wie Materie und Geist mit ein. Weitere wichtige Thesen, die hier erörtert und analysiert werden, sind die Fragen nach dem freien Willen, der Mentalität des menschlichen Wesens sowie deren Zustände, Bewusstseinsinhalte und emotionale Reaktionen. Aufgrund der Moderne der Disziplin spielt auch die Erforschung der künstlichen Intelligenz eine Rolle dieser Philosophie. Weiterhin werden die unterschiedlichen Bewusstseinszustände beurteilt und es findet eine kritische Auseinandersetzung mit der Identität des eigenen Seins statt. Zudem erforscht und erklärt man das Leben nach dem Tod in physischer Hinsicht. Also losgelöst von theologischen, kulturellen oder mythischen Vorstellungen wie beispielsweise die Wiedergeburt. Es geht um die Frage, was mit der Seele passiert.

Diese neu aufgetretenen Problemfelder sind von namhaften Vertretern der Philosophie betrachtet und definiert worden. Zu diesen Philosophen zählen:

- Donald Davidson
- Jaegwon Kim
- Gottfried Wilhelm Leibniz
- Hilary Putnam
- John Searle
- Baruch de Spinoza
- Alan Turing

Aber auch die Theorien des Buddhismus sind in diesem Zusammenhang und Betrachtungsweise der Philosophie von großer, nicht zu unterschätzender Bedeutung.

Moderne philosophische Anthropologie

Eine weitere Disziplin dieser neuen philosophischen Betrachtungsweisen ist die moderne philosophische Anthropologie. Diese befasst sich in erster Linie mit dem Wesen des Menschen. Allerdings steht bei dieser Betrachtung nicht das Individuum im Mittelpunkt der Untersuchung, sondern seine Eigenschaft als Gattungswesen. Die Anthropologie ist im Endeffekt eine Selbstreflexion auf dialektische Art. Das liegt daran, dass die Untersuchung des Gattungswesens Mensch vom Menschen selbst betrieben wird. Somit liegen keinerlei Vergleichswerte zugrunde. Mit dieser Selbstreflexion werden gleichzeitig sowohl die Innenperspektive als auch die Außenperspektive betrachtet und dargestellt. Die Untersuchung der Daseinssituation des Menschen selbst erfolgt dabei unter Einbeziehung und Berücksichtigung aller Erkenntnisse, die in allen anderen Einzelwissenschaften bis dato erworben worden sind.

In der Anthropologie wird einem erst bewusst, dass das Wesen des Menschen ein unbekanntes Gebiet ist. Es kann nicht abschließend das Wesen des Menschen als allgemeingültig angesehen werden. Hier spielen die individuellen Eigenschaften eines jeden Menschen eine bedeutende Rolle, so dass im Gesamtkontext Mensch immer wieder Fragen offenbleiben bzw. immer wieder neue Fragestellungen und Rätsel aufkommen. Seine Stellung im Gesamtkosmos ist hier genauso hoch angesiedelt wie das Verhältnis von Kultur und Natur zueinander. Einzelwesen und Gemeinschaft, die Geschlechterrolle, Liebe und Tod stellen hierbei die Grund- und Kernfragen der philosophischen Anthropologie dar. Die Sinnhaftigkeit des Seins, gut oder böse, Leid und Gewalt in Bezug auf die Existenz der Menschheit sind alles Themen, die zu dieser philosophischen Disziplin gehören. Aber auch die grundsätzlichen Bedürfnisse des Menschen und seine Fähigkeiten wie Altruismus, das Phänomen der Freiheit und die Wahrnehmung des anderen, Kreativität, Machtstreben, Neugier, Selbstverwirklichung und Wissensdurst sind Bestandteil der Untersuchungen.

Bedeutende anthropologische Fragestellungen wurden unter anderem erarbeitet und behandelt von den Philosophen:

- Thomas von Aquin
- Ernst Cassirer
- Arnold Gehlen
- Immanuel Kant
- Søren Kierkegaard
- Friedrich Nietzsche
- Helmuth Plessner
- Max Scheler
- Arthur Schopenhauer
- Vertreter der Existenzphilosophie

Ab Mitte des 20. Jahrhunderts sind mehrere Philosophen dazu übergegangen, Theorien, die die Wesenszüge, die den Menschen als Individuum auszeichnen, als allgemeingültig ansehen, kritisch zu betrachten, zu analysieren und infrage zu stellen. Man betrachtete also eine Kritik selbst kritisch. Dabei wurden jedoch auch unterschiedliche Meinungen diesbezüglich dargestellt. Vertreter dieser Gruppe von Philosophen sind etwa:

- Michel Foucault
- Jürgen Habermas

Rationalitäts-, Handlungs- und Spieltheorie

Die Analyse des menschlichen Handelns stellt heutzutage ein aktuelles Problem im Bereich philosophischer Forschungen dar. Dabei wird das menschliche Handeln unter dem Gesichtspunkt der Vernunft betrachtet. Im Vergleich zu den bisherigen Formen der Philosophie greift diese Disziplin nicht auf eine eventuell ethisch zu wertende Motivation zurück, sondern legt den Fokus rein auf mathematische Gesichtspunkte. Es werden Kosten-Nutzen-Abwägungen zugrunde gelegt, die der logischen Kalkulation folgen. Dabei wird jedoch die Voraussetzung unterstellt, dass der Mensch stets auf Grundlage seines Verstands und seiner Vernunft handelt.

In der Spieltheorie geht es um die Entwicklung von Modellen, um ethische Probleme darzustellen. Die Philosophen nutzen diese Theorie in erster Linie nicht unbedingt dazu, Lösungen zu präsentieren, sondern erreichen so eine darstellerische Präsentation des jeweiligen Problems. So kann dieses bildlich dargestellt und auch von Laien verstanden werden. Dabei spielt es keine Rolle, ob es sich bei den dargestellten Fragestellungen um gesellschaftliche Probleme (Tragik der Allmende) oder um ein individuelles Problem (Gefangenendilemma) handelt.

Die Handlungstheorie versucht Handlungen zu erklären, denen eine bestimmte Motivation vorausgeht. So untersucht sie beispielsweise die Frage, warum man sich bei der Möglichkeit zweier Alternativen die schlechtere auswählt. Dabei ist das ob und wie es dazu kommt von großer Bedeutung (Akrasia).

Dabei wirst Du feststellen, dass die Rationalität häufig genannt wird. Allerdings musst Du in diesem Zusammenhang immer wieder den Begriff "Rationalität" neu betrachten und in einen engen Bezug sowohl zu Zeit, Erfahrung und die jeweiligen Handlungen stellen. Dir wird hier auffallen, dass die Rationalität an sich stets stark diskutiert wird. Die Begriffe, die die Rationalität beschreiben und sie auch ausmachen, "Verstand", "Vernunft", "Ratio" und "Intellekt", gehören in der philosophischen Historie zu den meist diskutierten Begriffen. Sie entschieden oft, welche philosophische Konzeption gerade in die Öffentlichkeit und somit in den Diskurs getragen werden sollte. Die "Rationalität" wurde aber in der jüngeren Vergangenheit zunehmend infrage gestellt. Daraus resultiert, dass sich die Philosophie unserer Zeit stark mit sich selbst auseinandersetzen muss. Ihre Aufgabe besteht mehr denn je darin, sich selbst und ihr Minimum an Voraussetzungen für ihr Dasein kritisch zu betrachten, zu analysieren und vor allem zu hinterfragen.

Philosophische Mystik

Die Mystik stellt seit Jahrtausenden einige wesentliche Elemente der Philosophie dar. Diese finden sich sowohl in der westlichen, abendländischen Philosophie als auch in der östlichen und deren Traditionen wieder. Der Begriff der philosophischen Mystik hingegen ist noch gar nicht so alt. Die politische Mystik zielt darauf ab, dass es einige erkennbare Wahrheiten in Bezug auf den Menschen und die Wirklichkeit gibt. Diese besitzen dabei eine universelle Gültigkeit und gelten als nicht änderbar. Zudem betont sie in ihrer Dokumentation stets, dass das jetzige Sein unter Bezugnahme der örtlichen Komponente immer vorrangig zu beachten ist. Andere als diese zwei Aspekte finden kaum Berücksichtigung. Sie stellt dies in einen engen Zusammenhang mit

- der Neutralität philosophischer Betrachtung und deren Stellenwert
- dem Ursprung allem und dessen Stellenwert (Schöpfungsgeschichte)
- der zentralen Bedeutung des Individuums und er Individualität im Kontext des Weltgefüges

Dabei spielen die Grenzen von Vernunft und Verstand keine Rolle. Die zentralen Themen der philosophischen Mystik sind unter anderem:

- Aufhebung aller Kontraste in Gott (coincidentia oppositorum)
- die Subjekt-Objekt-Spaltung und der Umgang mit deren Aufhebung
- der Mensch in Einheit mit dem Ganzen (unio mystica)
- das menschliche Wesen und dessen göttliche Züge (scintilla animae)

5. Fazit

Wie Du sicherlich bemerkt hast, ist die Philosophie weit mehr als nur ein Studienfach. Die unterschiedlichen Disziplinen und historischen Erkenntnisse lassen Dich als Studenten dieses Faches die Welt, ihre Strukturen, den Menschen als Individuum und Gesellschaftsteil aus verschiedenen Blickwinkeln betrachten. Du erlernst hier eine Wissenschaft, die sich von allen anderen in ihrem Kern unterscheidet und gleichzeitig einzigartig ist. Die Philosophie tangiert bei ihrer Anwendung alle wissenschaftlichen Bereiche und kann diese und ihre Ergebnisse infrage stellen, ohne jedoch von den anderen Wissenschaften selbst infrage gestellt zu werden. Diese Aktion, die Philosophie zu hinterfragen und gegebenenfalls infrage zu stellen, vermag nur die Philosophie selber.

Nun kannst Du Dir nach dieser kurzen Einführung sicherlich die Frage stellen, ob Philosophie das Richtige für Dich ist oder nicht. Du musst Dir nur im Klaren darüber sein, dass Du bereits dann philosophisch tätig wirst und arbeitest, in dem Du Dich mit einer Frage oder einem Problem kritisch auseinandersetzt. Das wäre zum Beispiel bereits dann der Fall, wenn Du Dir genau diese, gerade erst genannte Frage stellst.

Wie Du siehst, ist Philosophie generell für jeden das Richtige. Du kannst also vom Grunde her nichts falsch machen. Und aufgrund der vielen verschiedenen Aufgabenfelder findest Du auch immer einen Bezug zu anderen Wissenschaften.

Und auch persönlich kannst Du viel von diesem Fach für Dich nutzen. Du lernst nämlich die Rhetorik in all ihren Facetten, so dass Du in der Lage sein wirst, stets gut zu argumentieren und so auch Leute von Dir und Deinen Theorien zu überzeugen.

Timo Kaschner

Philosophie
mal anders

Deine Gefühle und ihre Existenzberechtigung

Philosophische Gedanken über Angst, Wut, Trauer, Hass, Glück, Stress, Eifersucht und Co.

1. Du und Deine Gefühle

Dein Leben ist von Gedanken, Gefühlen und Handlungen gekennzeichnet. Jeder Gedanke in Deinem Kopf ruft ein entsprechendes Gefühl hervor, das Dich zum Handeln auf der physischen Ebene bewegt. Diese Prozesse laufen meist unbemerkt ab, sodass es uns vorkommt, als seien wir unseren Gefühlen ausgeliefert. Starke Empfindungen, wie Wut und Trauer aber auch Freude und Überschwänglichkeit, scheinen uns in einer Situation plötzlich einzuhüllen und unser Wesen zu verändern. Angenehme Gefühlen möchten wir festhalten, doch sie verschwinden, wenn sich die äußere Situation ändert. Sehen wir uns mit Ängsten konfrontiert, wollen wir alles tun, um diesen zu entkommen und versuchen, die äußeren Umstände zu verändern. Dieses Handeln ist zum Scheitern verurteilt und wir werden uns ansehen, warum das so ist.

Wichtig ist – Gefühle gehören zu Deinem Leben. Du hast gelernt, auf äußere Umstände zu reagieren und die Vergangenheit zur Gegenwart zu machen. Deswegen müssen wir am Anfang beginnen. Dort, wo Du mit Deinen Gefühlen in Berührung kommst. Damit Du ihr Wesen verstehst und sie handhaben kannst.

2. Gefühle und der Sinn Deines Lebens

Wäre Dein Leben nicht einfacher, wenn Du das ständige Auf und Ab Deiner Gefühlswelt nicht täglich erfahren müsstest? Was ist der Sinn hinter diesem emotionalen Aufruhr, der jeden Morgen beim Klingeln des Weckers beginnt?

Zuerst musst Du wissen, dass Gedanken, Gefühle und Handlungen alle miteinander verbunden sind und gleichzeitig auf unterschiedlichen Ebenen stattfinden. Die menschliche Sprache versucht, hier etwas zu beschreiben, was durch Worte voneinander getrennt wird, in Wahrheit aber gleichzeitig stattfindet und miteinander verwoben ist. Wenn wir Worte benutzen, umreißen diese jeweils eine Form. Ein weiteres Wort weist auf etwas anderes hin und schon haben wir es anscheinend mit zwei voneinander unabhängigen Dingen zu tun.

Dabei geschieht alles im selben Moment, wir nehmen es nur nacheinander wahr, weil der Verstand in Bildern denkt. Gehst Du hingegen in die Meditation, verändert sich Deine Wahrnehmung und Du erfährst die Situation auf völlig andere Weise.

Bleiben wir bei Deinen Gefühlen. Es geht nicht um die Frage, warum Du sie hast. Sie sind Ausdruck Deines Menschseins. Die Frage ist, warum sich die guten Empfindungen so schnell verflüchtigen und die schlechten Gefühle scheinbar so hartnäckig sind. Bisher lernen wir in der Schule nicht, mit ihnen zurechtzukommen, obwohl wir jeden Tag mit ihnen zu tun haben. Sie sind auf der emotionalen Ebene Ausdruck unseres Denkens und provozieren jede Handlung. Wir wissen instinktiv, dass wir uns von schlechten Gefühlen lösen müssen, weil sie uns nicht guttun. Trotzdem reagieren wir auf Unangenehmes mit Abwehr und sind enttäuscht, wenn das Angenehme verschwindet.

Deine Gefühle sind Ausdruck dessen, wie sehr Du gerade Du selbst bist. Eine tiefe Freude im Herzen (nicht der freudvolle Kick, der entsteht, wenn Du etwas bekommst oder erreicht hast) zeigt Dir, dass Du in diesem Moment Dein volles Potenzial lebst. Du bist dann ganz Du. Ohne Begrenzung und mit dem befriedigenden Gefühl, vollständig und ganz zu sein. Diese Momente stellen sich ganz plötzlich ein. Das Glück rinnt plötzlich durch Deine Adern, während Du einem Käfer beim Krabbeln zusiehst. Oder Du machst einen Spaziergang und wirst ohne Vorwarnung in dieses warme Empfinden von Weite und Freiheit eingehüllt. Versuchst Du, diese Erfahrung willentlich zu verlängern oder festzuhalten, entschwindet sie. Du kannst nichts tun, um sie zu wiederholen, denn jede Absicht beinhaltet die Annahme, dass ES verschwunden ist.

Vielleicht kannst Du es Dir so vorstellen:

Du kommst auf diese Welt und weißt nicht, dass Du alles hervorbringen und wissen kannst. Du beginnst, Dich anzustrengen, und machst Versuche, um zu erreichen, was Du haben möchtest. Je mehr Du das tust, umso mehr entfernt sich alles von Dir. Lässt Du hingegen los und gibst Dich mit dem zufrieden, was da ist, taucht Dein Sein komplett auf und füllt Dich mit allen Möglichkeiten aus. Jede Anstrengung lässt Dich aus Deinem Wesen fallen. Stille und das Einfühlen in den Moment lassen Dich dagegen wieder zu dem Wesen werden, das Du ursprünglich bist und das dann fähig ist, zu tun, was getan werden soll.

Solange Du aus Deinem ursprünglichen Wesen herausfällst und wieder eintauchst, bist Du mit menschlichen Gefühlen konfrontiert. Später erfährst Du eine tiefe Glückseligkeit, die von den äußeren Umständen völlig unabhängig ist. Dann reagierst Du nicht mehr auf Deine Umgebung, sondern agierst aus freier innerer Entscheidung. Du legst fest, was Du fühlen möchtest. Ob Du bei einem Verlust Traurigkeit zum Ausdruck bringen möchtest oder in stiller Heiterkeit verbleibst, weil das Leben nicht endet und nur seine Form wechselt.

Noch scheinen Dich die Gefühle zu überrollen und von Dir Besitz zu ergreifen, wann immer es ihnen passt. Dein Leben bietet Dir die Möglichkeit, diese Erfahrungen zu untersuchen, um Zusammenhänge herzustellen und Dich aus der Gebundenheit zu befreien. Das Ziel jedes Menschen ist es, glücklich zu sein. Da sich äußere Umstände immer ändern, funktioniert dauerhaftes Glück nicht durch das Erreichen bestimmter Ziele. Ein guter Job, ein Haus und genügend Geld geben Dir nur eine scheinbare Sicherheit und ein momentanes Glücksgefühl, das sich sehr schnell nach Erhalt des Gewünschten abgenutzt hat. Das Glück, das wir in Wahrheit suchen, ist das Empfinden unserer Vollkommenheit. Nicht Perfektion im menschlichen Sinn, sondern die Erfahrung reiner Existenz. Einfach nur zu sein. Haben wir diese Ganzheit einmal berührt, bringen wir sie in jede unserer Handlungen und sind das, was die östliche Philosophie einen Meister nennt.

3. Die menschliche Gefühlswelt

Ganz einfach ausgedrückt – Du bist glücklich, wenn Dir etwas Angenehmes und Erwünschtes widerfährt und unglücklich, wenn Dinge geschehen, die Du nicht erleben möchtest. Dabei scheint es, dass unsere Gefühle immer von unserem Umfeld abhängen. Sind die Umstände wie gewünscht, fühlen wir uns wohl. Bei unerwarteten oder beängstigenden Situationen reagieren wir mit Angst und Abwehr. Dabei haben wir das Empfinden, dass uns die Gefühle in der jeweiligen Situation einfach erwischen. Wir sind plötzlich ängstlich oder wütend. Ebenso sind wir von einem Moment auf den anderen glücklich, wenn uns ein unerwarteter Geldsegen überrascht oder ein wichtiger Wunsch in Erfüllung geht.

Wir unterscheiden in positive und negative Gefühle. Warum?

Positive Empfindungen wie Glück, Freude und Dankbarkeit bewirken, dass chemische Prozesse im menschlichen Körper in Perfektion ablaufen. Oder anders gesagt, sorgen diese Gefühle dafür, dass die natürlichen Abläufe von Körper und Geist nicht behindert werden. Der Mensch empfindet eine innere Freiheit, die alle physischen und psychischen Prozesse einschließt. In diesem Zustand haben wir das Gefühl, das wir alles (überwinden) können und nur Gutes auf uns wartet. Es ist die Honeymoon-Zeit in unserem Leben, die für immer bleiben soll. Was nicht geschehen kann, solange wir die wirkliche Ursache der Gefühle nicht verstehen.

Bei angstvollen oder aggressiven Gedanken schüttet das Gehirn wie bei den Glücksgefühlen Hormone aus. Diese zwingen den Körper jedoch zu anderen Verhaltensweisen als Ausdehnung und Wachstum. Im emotionalen Zustand der Angst geht es um die nackte Existenz. Man muss sich still verhalten, unter Umständen verstecken und ungesehen bleiben. Wut treibt uns hingegen zu Handlungen, die oftmals gewaltsamen Ausdruck finden. Sie bricht sich Bahn, wenn der eigene Lebensausdruck behindert wird und der Mensch nicht bekommt, was er möchte oder braucht. Resignation ist Wut in umgekehrtem Ausdruck. Der Mensch zieht sich in sich selbst zurück, weil er an Grenzen stößt, die sich für sein Empfinden nicht überwinden oder sprengen lassen.

Diese negativen Gefühle entspringen einer inneren und äußeren Begrenzung. Der momentane Grundzustand dieses Menschen ist von Enge und dem Gefühl unterzugehen geprägt. Daher sprechen wir von negativen Gefühlen. Angst bewirkt auf der physiologischen Ebene das Zusammenziehen der Arterien und schränkt den Blutfluss ein. Man kommt bildlich gesprochen nicht mehr vom Fleck, was sich in planlosem und erfolglosem Handeln widerspiegelt. Wut sorgt hingegen dafür, dass der Blutdruck steigt. Der Mensch steht kurz vor einer Explosion, die sich in die Außenwelt entladen will. Er versucht, sich gewaltsam zu nehmen oder vom Hals zu schaffen, was für ihn wichtig ist. Mit dem Ergebnis, dass Blutgefäße zerreißen können und sein physisches Leben bedrohen.

Gute und schlechte Gefühle beziehen sich also per Definition entweder auf einen Aspekt unserer Umwelt, von dem unser Leben betroffen ist. Oder auf die physiologische Befindlichkeit unseres Körpers, der nur bei voller Leistungsfähigkeit in der Lage ist, uns diese Empfindungen zugänglich zu machen. Je mehr und länger er der Dauerbelastung negativer Gefühle ausgesetzt ist, desto weniger empfindungsfähig wird der Mensch. Wir nennen es auch emotionale Abgestumpftheit oder Gefühlskälte. In diesem Zustand ist das chemische Gleichgewicht des menschlichen Körpers so weit gestört, dass Empfindungen nur noch in ganz grober Intensität wahrgenommen werden können. Freude, Liebe und Glück sind dagegen Schwingungen, die in einem sehr hohen Frequenzbereich vorhanden sind. Vergleichbar mit einer Hundepfeife, deren Ton Hunde sehr wohl wahrnehmen, während er für das menschliche Ohr und dessen groben Mechanismus nicht zu hören ist.

Solange wir unsere tägliche Wahrnehmung nicht reflektieren, werden wir von unseren Gefühlen überrollt. Jeder auf genau die Weise, die er in seiner Kindheit erlernt hat. Daher sieht jeder Mensch das Leben auf individuelle Weise. Identische Erfahrungen werden unterschiedlich bewertet, weil sich der gefühlsbedingte Erfahrungsschatz der Menschen unterscheidet.

Wir sind allerdings nicht dazu verurteilt, unser tägliches Leben zwischen diesen emotionalen Polaritäten zu verbringen. Wir sollten nicht ständig den Verlust von Freude und emotionaler Geborgenheit hinnehmen oder ständig in Angst und Anspannung leben. Dazu müssen wir etwas tiefer blicken und in die Beobachtung gehen. Eine Erfahrung, die wir in unserer Kindheit nicht gemacht haben, weil alle uns umgebenden Erwachsenen emotional ebenfalls nur auf die Umwelt reagierten. Dein naturgegebener Zustand ist der, voller Freude und innerem Frieden. Es braucht Gefühle wie Trauer, um Erfahrungen des Abschieds ausleben zu können. Auch Angst ist in der physischen Welt ein hilfreicher Begleiter. Sie macht Dich normalerweise darauf aufmerksam, dass Du in die falsche Richtung gehst. Diese normale Ausdruckskraft der Gefühle wurde allerdings verdreht. Was uns schützen sollte, hält uns jetzt dort zurück, wo wir gehen und handeln wollen. Freudige Gefühle bringen wir mit äußeren Umständen in Verbindung und werden ärgerlich, wenn diese sich verändern. Was so sein muss, denn Veränderung ist der Lauf der Natur. Lass uns also gemeinsam Licht in das Dunkel bringen. Dazu müssen wir zuerst einen kurzen Abstecher in Deine Kindheit machen, wo Deine Gefühlswelt begann. Denn sie sind nichts, was Dir einfach widerfährt. Du rufst sie in jedem Moment auf, auch wenn Dir das jetzt noch nicht bewusst ist.

4. Der Anfang Deiner Gefühle

Jedes Gefühl ist wie es ist. Es fühlt sich mit 15 Jahren genauso an wie mit 60 Jahren. Der Unterschied besteht nur darin, dass uns mit fortgeschrittenen Lebensjahren andere Dinge glücklich machen als in der Jugend. Womit wir schon beim Anfang und der Frage wären, WAS uns glücklich oder traurig macht.

Wenn ein Baby auf die Welt kommt und Du ihm in seine Augen schaust, kannst Du eine Tiefe sehen und spüren, die einfach nur beeindruckt. Ohne es in Worte fassen zu können, blickst Du in die Vollkommenheit aller Möglichkeiten. Alle Kinder bringen die gleichen Voraussetzungen mit, aber schon wenige Tage nach der Geburt haben sich die Möglichkeiten verändert.

Du bringst alles mit. Laufen, Sprechen, Bewegung, Denken, Schwimmen, Radfahren ... – die Möglichkeit, das physisch zu tun, ist in Dir wie in jedem Menschen angelegt. Ob und in welcher Perfektion Du es jemals tun wird, hängt von Deinem Umfeld ab. In den ersten sieben Lebensjahren steht die Erfahrungswelt Deiner Eltern und Betreuer der gegenüber, die die Natur in Dich hineingelegt hat. Was Deine Eltern an Begrenzungen in sich tragen, wird jetzt auf Dich übertragen. Diese Prägung wird sich abhängig von Deinem Alter und der Intensität gestalten. Wächst Du in einem Elternhaus mit Geldmangel auf, herrscht dort eine unterdrückte oder sogar offene Angstatmosphäre.

Während Du mit der unsichtbaren Anlage, versorgt zu sein, auf die Welt kommst, wird Dir von Deinem Elternhaus das Gegenteil in Form von materieller Begrenzung vorgelebt. Dieser Einfluss ist so stark, dass Du ihn in Dich aufnimmst, weil Du noch nicht reflektieren kannst, dass dies der gedankliche und emotionale Ausdruck Deiner Eltern ist. Als Kinder sind wir nicht in der Lage, Ansichten anderer Menschen abzuweisen. Wir sind wie eine leere Tafel, auf der jeder Mensch etwas hinterlässt, der unseren Weg kreuzt. Da sich kaum jemand der Bedeutung seiner Worte in Bezug auf sein

Gegenüber bewusst ist, werden wir in den meisten Fällen mit lebensbehindernden Aussagen vollgestopft. Während wir als Erwachsene die Möglichkeit haben, fremde Ansichten von uns zu weisen, ist das in der Kindheit nicht möglich. So "bekommen" wir einen Charakter aufgedrückt, der sich aus den Lebensansichten Erwachsener zusammensetzt, deren Gedanken und Gefühle auf den Anschauungen ihrer Eltern beruhen. Ohne je infrage gestellt worden zu sein.

Welche Gedanken und Worte sind lebensbehindernd?

Abgeleitet vom Kind:

- Er/sie ist viel zu klein.
- Er/sie ist aber ganz schön dick.
- Er/sie ist immer so laut.
- Er/sie ist viel zu ruhig.
- Du bist so langsam.
- Du bist unordentlich.
- Du bist mäkelig.
- Du bist faul.

Die Liste lässt sich endlos fortsetzen.

Dazu kommen noch die Gedanken, die dem Kind aufgrund äußerer Umstände in die Persönlichkeit eingewoben werden:

- Es ist nicht genug Geld da.
- Von kalter Luft wird man krank.
- Du musst für Dein Geld hart arbeiten.
- Du musst nehmen, was Du bekommst.

- Es gibt nicht genug für alle.
- Das Leben ist kein Schlaraffenland.
- Du musst Dich anstrengen, wenn Du etwas bekommen willst.
- Das Leben ist hart.

Du wirst mit einer inneren Freiheit geboren, die Dir jede Möglichkeit schenkt. Die Gedanken und Aussagen Deiner Eltern und Betreuungspersonen setzen all die Möglichkeiten außer Kraft, die gemäß ihren eigenen Gewohnheiten und Überzeugungen nicht realisierbar sind. Die Erfahrung Deiner Eltern, dass die Schule und das Lernen schwer waren, wird Deine Gefühlswelt dahingehend beeinflussen, dieses Erleben zu wiederholen. Eltern, die ihrem Kind direkt ins Gesicht sagen, dass es unmöglich, zu laut, unordentlich oder dumm sei, schreiben diese Eigenschaften als (gedankliche) Überzeugung in ihren Nachwuchs, ohne dass dieser eine Chance hat, sich dagegen zu wehren.

Auf den Punkt gebracht erreicht Dich schon im Mutterleib jeder Gedanke und jedes Gefühl. Bist Du geboren, werden Dich auch die Handlungen der Erwachsenen beeinflussen. Was immer jemand in Deiner Gegenwart über Dich oder die Umwelt sagt – es wird in Dir "niedergeschrieben" und verwandelt sich in Deine Ansichten und Überzeugungen von Dir selbst und vom Leben. Deshalb ist es so wichtig, in der Kindererziehung vorsichtig mit dem zu sein, was man denkt und sagt. Man beeinflusst die nächsten hundert Lebensjahre dieses Menschen und wer nicht reflektiert, was er durch seine Aussagen zur Persönlichkeitsstruktur des Kindes macht, macht eine glückliche Kindheit zunichte.

Du bist hier, um Dich zu erinnern

Um dieser Vorstellung den Schrecken zu nehmen, sei gesagt, dass alle Prägungen im Erwachsenenalter von uns selbst geändert werden können. Aber es ist nicht leicht. Es wäre einfacher, schon in der Kindheit mit der Reflexion seiner Gedanken und Gefühle vertraut zu sein und Meditation im täglichen Leben zu praktizieren. Unbewusstes Leben bedeutet, seine Gefühle erst dann zu spüren, wenn sie schon aufgetaucht sind. Bei dieser Lebensweise haben wir keine Kontrolle und können auch nicht wählen, ob wir ein Gefühl physisch ausdrücken wollen oder nicht. Es steigt auf, ergreift uns und unseren Körper und lässt uns in entsprechender Weise handeln. Es gibt keine Möglichkeit, diesen Ausdruck zu stoppen, weil wir den Anfang verpasst haben. Der ganze Prozess der Entstehung von Gefühlen ist uns nicht vertraut, daher fühlen wir uns ihnen hilflos ausgeliefert.

Das Erwachsenenalter bietet die Möglichkeit, die eigene Gedanken- und Gefühlswelt zu hinterfragen und das auszusortieren, was uns hindert, in allen Bereichen erfolgreich zu sein. Diese Phase beginnt in der Pubertät, womit sich das rebellische Verhalten Jugendlicher erklärt. Zu dieser Zeit strömt eine Kraft in den Menschen, der ihn zur bewussten Unterscheidung zwischen Gut und Böse im Sinne von richtigen und falschen Handlungen befähigt. Die heutige Gesellschaft quittiert diesen Lebensabschnitt mit der Bemerkung, dass das nur eine Phase sei, die nach einer Weile vorübergehe. Das ist korrekt, aber ohne Handlung verstreicht dieser Lebensabschnitt ungenutzt. Statt noch mehr Aktivitäten in das Leben der Jugendlichen zu packen, wäre hier der richtige Zeitpunkt, um offen über die eigenen Ansichten zu sprechen, diese infrage zu stellen und zu reflektieren, was das Innere dazu zu sagen hat. Stattdessen richtet sich der Schwerpunkt immer noch auf das Erbringen von Leistung. Ohne zu hinterfragen, weshalb man ist, wer man ist. Das setzt allerdings voraus, dass ein Erwachsener weiß, dass die Jugend die Fortsetzung des Lebens in vollkommener Weise ist. Man müsste sich seiner eigenen Grenzen bewusst sein, um diese nicht an den Nachwuchs weiterzugeben, sondern um diesen zu ermuntern, eigene Wege in ein größeres Terrain zu suchen. Stattdessen werden Kinder immer noch zu Ebenbildern Erwachsener erzogen, deren Leben sich in "machbar" und "nicht machbar" teilt.

Nur durch diese Gedankengänge und das Offenlegen der eigenen Strukturen begreift man die Zusammenhänge und versteht, dass man unfreiwillig Anschauungen der Eltern übernommen hat, obwohl diese ursprünglich nichts mit einem zu tun hatten. Niemand hat Schuld an diesem Prozess. Er entwickelt sich seit Millionen Jahren und gibt dem Menschen die Möglichkeit, Bewusstsein selbst zu erfahren. Daher müssen wir zuerst in das eintauchen, was wir nicht sind, um aus diesen Grenzen ausbrechen zu wollen und uns als freies Wesen zu erfahren. Wir erreichen diesen Zustand kurz vor unserer Geburt – ein sicherer, behüteter Ort voller Versorgung. Nur fehlt uns zu dieser Zeit das Bewusstsein dafür. Das Menschsein bietet die Möglichkeit, in einem physischen Körper Gedanken, Gefühle und Handlungen zu erleben und durch Reflexion und bewusste innere Stille dem auf den Grund zu gehen, was man wirklich ist. Wir haben Gedanken und Gefühle. Aber wir sind sie nicht.

5. Das Gefühl der Angst

Nach diesem kleinen Exkurs in die Entstehung der persönlichen Gefühlswelt wenden wir uns ganz konkreten Empfindungen zu und beginnen mit einem Gefühl, das uns täglich berührt – Angst.
Du kannst sie nicht sehen, nicht anfassen und noch nicht einmal genau orten. Es ist ein vager Zustand von Unwohlsein. Es fühlt sich anders an, als in guten Zeiten. In denen fragst Du Dich nicht, was nicht stimmt. Angst registrierst Du sofort. Vielleicht nicht unter dem direkten Begriff, aber wenn man Dich fragen würde, was los sei, käme die Antwort, dass "irgendwas" nicht stimmt.

Das heißt, dass wir sehr wohl wahrnehmen, wenn etwas nicht mehr auf perfekt natürliche Weise verläuft. Was wiederum bedeutet, dass Dein Urzustand ein glückliches Wesen ist.
Angst ist beunruhigend, wenn sie sich nicht an konkreten Dingen festmachen lässt. Während man der Angst vor Einsamkeit, Geldmangel, Unwissenheit oder fehlender Kompetenz entgegentreten und ganz praktisch etwas tun kann, ist eine undefinierbare Lebensangst beunruhigend. Du kannst nichts TUN, um diesen Zustand zu beseitigen, denn dieses Gefühl gehört zum physischen Leben dazu.

Betrittst Du diese Welt, tauchst Du in die Materie ein. Du hast plötzlich einen Körper, Gefühle und empfindest die Gedanken der Dich umgebenden Menschen. Du bist nicht diese Dinge, aber Du beinhaltest sie ab jetzt. Du kannst Dich nicht dagegen wehren, weder physisch noch psychisch. Du empfindest den Lebensfluss, der durch Deinen Körper geht und die Organe tätig sein lässt. Du kannst es nicht erklären, weil Du noch nicht denkst, sondern komplett im Fühlen aufgehst. Die Dinge geschehen Dir und Du wirst mitgerissen, in den Strudel des Lebens mit all seinen Formen. Das macht Angst, denn Du hast keine Kontrolle.

5.1 Die inneren Verbote

Angst ist eigentlich eine Bewegung in Deinem Inneren, mit der Du Dich gegen den Fluss des Lebens stellst. Was immer er bringt, es wird von Dir bewertet. Zuerst übernehmen die Ansichten und Werte Deiner Eltern diese Einteilung. Durch ihre Gefühle und ihr Verhalten "lernst" Du, Dinge willkommen zu heißen oder abzulehnen. Es ist kein Lernen im eigentlichen Sinn, denn Du übernimmst nur Sichtweisen, ohne sie zu hinterfragen. Gleichzeitig existiert in Deinem Inneren die gesamte Welt der Möglichkeiten. Die Ansichten der Menschen, die Dir am nächsten sind, bewirken, welche dieser Möglichkeiten vorübergehend "gestrichen" oder mit Auflagen versehen werden (Du kannst das nur bekommen, wenn Du ...).

Werden bestimmte Dinge in Deiner Kindheit mit Verboten belegt, wirst Du konditioniert, Dir diese Möglichkeiten jetzt und später selbst zu versagen. Diese Verbote sind bis auf die Zellebene eingegraben und wirken selbst dann, wenn Du erwachsen und von Deinen Eltern unabhängig bist. Was aus der unendlichen Fülle an Möglichkeiten, die Du in nicht-stofflicher Art und Weise mit auf diese Welt bringst, durch Regeln und Verbote ausgegrenzt wird, existiert trotzdem weiter in Dir. Doch schon der Gedanke daran reicht aus, um Dir ein ungutes Gefühl zu verschaffen.

Lass uns ein **Beispiel** ansehen, um das deutlich zu machen:
Stell Dir eine Person vor, die sich im Kindesalter ein Haustier wünschte. Einen Hund oder eine Katze. Die Eltern sind aus praktischen Dingen, wie Wohnungsgröße oder Versorgung des Tieres, dagegen und genehmigen nur einen Hamster. Besser als gar kein Tier, aber der eigentliche Wunsch wurde nicht erfüllt. Dem Kind wird gesagt, dass es keine Katze und keinen Hund haben darf, weil ... An dieser Stelle werden die Gründe ausführlich benannt und ins kindliche Gemüt eingeprägt.

Bei sehr autoritären Eltern und feinfühligen Kindern führt diese Situation dann dazu, dass sich dieses Verbot ins Gewissen "brennt". Ist das Kind erwachsen und selbst entscheidungsfähig, kann (wie in der Praxis geschehen) eine Entscheidung gegen das Verbot der Eltern folgende Auswirkung haben. Die Person lebt in ihren eigenen vier Wänden und möchte sich jetzt endlich ihren Wunsch nach einem größeren Haustier erfüllen. Sie entscheidet sich für eine Katze, die sie aus dem Tierheim adoptieren möchte. Futter und Zubehör sind gekauft und der Termin für die Abholung des Tieres steht. Die Katze wird vom Tierheim abgeholt und nach Hause gebracht.

Plötzlich schleicht sich ein leises Unwohlsein ein, eine innere Unruhe kommt auf. Ein minimales Angstgefühl beschleicht die Person, ob sie das Richtige gemacht habe. Wenige Stunden später ist sie krank und liegt mit hohem Fieber, Schüttelfrost und Gliederschmerzen im Bett. Drei Tage lang. Was ist passiert?

Sie hat das immer noch sitzende Verbot aus der Kindheit übertreten und physiologisch einen Stresszustand erzeugt, der sich mit den entsprechenden Symptomen äußert. Sie musste im Bett verschwinden und konnte sich nicht wie gewünscht um die Katze kümmern, die sie ursprünglich nicht haben durfte. Auf diese Weise wurde dem Verbot der Eltern immer noch nachgekommen.
Das sind Auswirkungen, die durch Ver- oder Gebote in uns hineingelegt wurden. Oft waren diese Grenzsetzungen da, um uns zu schützen. Wir durften nicht auf den Schrank klettern oder am Wasser spielen, um sicher zu sein. In späteren Jahren können diese Einschränkungen dafür sorgen, dass wir auf der Stelle treten. Wir trauen uns dann manche Dinge nicht zu oder schaffen uns unsere Komfortzone, aus der wir nicht ausbrechen wollen. Oder wir nehmen etwas in Angriff und scheitern immer wieder an der Umsetzung. Dabei geht es oft um Dinge, die uns Überwindung kosten. Genau hier ist der Ort, an dem eine der unendlichen Fähigkeiten und Möglichkeiten in uns behindert, ausgebremst oder sogar unterbunden wurde. Dann braucht es den Mut, sich die Situation genau anzusehen und zu hinterfragen.

5.2 Sein oder nicht sein

Angst weist immer auf eine Ausgrenzung hin. Jemand hat Dir gesagt, dass das nicht geht oder dass Du es nicht kannst. Du hast es geglaubt, aber daran kannst Du Dich nicht erinnern. Wenn jemand Dir sagen würde, dass Du überzeugt bist, es nicht zu schaffen und deshalb versagst, wirst Du es wahrscheinlich nicht glauben. Im Gegenteil, Du wirst das Empfinden haben, dass Dich Dein Gegenüber nicht ernst nimmt und Dir nichts zutraut. Dann kommt der Wille ins Spiel, es jetzt erst recht zu beweisen. Um anschließend alles an die Wand zu fahren.

Die Angst zu ignorieren, ist kein guter Ansatz. Was sich in ihrem Zusammenhang so unangenehm anfühlt, ist die Tatsache, dass Du auf ein Stück "Leere" in Dir gestoßen bist. Ein Gebot oder Verbot hat dafür gesorgt, dass Du diesem Teil in Dir die Existenz absprechen musstest. Es ist aber immer noch vorhanden und meldet sich regelmäßig in Dir. Kinder, die sich nicht den Anweisungen ihrer Eltern beugen, sind Meister darin, auf innere Impulse zu hören und diese zu befolgen. Sie sind psychisch gesünder, denn sie handeln nach ihrem Gespür und nicht aufgrund von Gedanken. Wenn Du diese Angst in Dir aufsteigen fühlst, sei es vor einer Prüfung, vor einem Gespräch oder einem Umzug in eine neue Stadt, dann ist das ein Zeichen dafür, dass diese Fähigkeit und mögliche Handlungsweise in der Kindheit nicht positiv berührt und unterstützt wurde.

Dein gesamtes Handlungsspektrum lässt sich mit einem kontinuierlich wiederholten Satz zum Einsturz bringen: "Du bist dumm!"

Dieser eine Satz reicht in früher Kindheit aus, um eine Grenze zwischen Dir und Deinen Möglichkeiten zu ziehen. In diesem Moment wird Dir die Fülle Deines Lebens mit drei Worten aus der Hand genommen und sie ist nicht mehr verfügbar. Diese Trennung ist für Dich emotional spürbar. Sie macht sich als kaum greifbare Angst und Unruhe breit. Du kannst nicht einmal sagen, was genau Dich beunruhigt. Alles scheint verschwommen und nichts will richtig klappen. Du hast Träume, die sich nicht realisieren lassen. Du beginnst Projekte, die scheitern. Du fühlst Dich traurig und wertlos. Nicht, weil Du es BIST. Sondern weil man Dir gesagt hat, dass Du es seist.

Was immer in Deiner Kindheit in Dir ausgegrenzt wurde, darfst Du nicht mehr innerlich berühren. Daher fehlt ein Stück von Dir, was das Gefühl von Unzufriedenheit und Traurigkeit hervorruft. Fragt man Dich, kannst Du nicht benennen, was Dich wirklich unglücklich sein lässt. Es ist einfach nur das Gefühl, dass etwas zu fehlen scheint, ohne zu wissen, was es ist.

Shakespeare brachte es mit einfachen Worten auf den Punkt. Sein oder nicht sein. Entweder bist Du, wer Du bist – ein Gesamtpaket unendlicher Möglichkeiten und frei im Wachstum – oder Du bist es nicht. Was bedeutet, dass Du Dich in Deinem Ausdruck begrenzt, ohne zu wissen, dass Du es selbst tust.

5.3 Gedanke-Wort-Handlung

Am Anfang unserer Entwicklung glauben wir, die Ursachen für unsere Situation liegen in der Außenwelt. Die Umstände sind es, die unser Leben gestalten, wie es sich zeigt. Wenn dort draußen einige Dinge anders wären, würde es uns in vielen Bereichen besser gehen. Aber das ist ein Trugschluss, der normal ist, solange wir uns und unser Leben nicht hinterfragen. Die meisten Menschen leben so, dass sie den äußeren Umständen die Verantwortung für ihr Leben geben. Dazu muss an dieser Stelle verständlich werden, dass die physische Welt ein Produkt der inneren Gedanken ist, die für die fünf Sinne erfahrbar geworden sind. Erst wenn diese Aussage durchdacht und verstanden ist, kann sich etwas ändern. Warum?
Weil niemand in der Lage ist, alle Menschen in seinem Umfeld dahingehend zu manipulieren, dass sie sich in gewünschter Weise verhalten. Was die Voraussetzung für ein glückliches Leben wäre.

Die Wahrheit ist die, dass vor unserer Nase immer genau das erscheint, was wir innerlich zulassen. Oder anders gesagt, erscheint unsere innere Welt der Überzeugungen in unserem direkten Umfeld. An dieser Stelle wirst Du sicher sagen, dass Du Dein Kind niemals ohne Vater aufziehen wolltest. Oder Dich anstrengst und trotzdem auf der Karriereleiter nicht emporsteigst. Dass Du gerne ein eigenes Haus hättest, es Dir aber mit Deinem Gehalt einfach nicht leisten kannst.

Genau hier sind wir an der Basis. Natürlich wolltest Du eine funktionierende Beziehung und den besten Vater für Dein Kind. Aber, wie war die Einstellung Deiner Eltern bzw. wie haben sie miteinander harmoniert? Wenn sie es nicht taten, setzte sich der Satz in Deinem Kopf fest, dass eine Beziehung nichts Gutes ist. Deswegen gehen auch Deine Beziehungen auseinander.
Wie sieht es mit dem Job oder dem Studium aus? Es geht nicht richtig vorwärts? Wie oft hast Du Deine Eltern oder Angehörige darüber stöhnen hören, dass ihr Job so anstrengend sei und nur so wenig Geld einbringt. Hast Du diese Einstellung übernommen, wirst Du Dich innerlich gegen Deinen Job wehren, obwohl Du eigentlich vorwärtskommen willst.

Diese Gedanken, die aus Deinem äußeren Umfeld kamen, haben Dich in Deinen Ansichten geprägt. Anhand Deiner äußeren Umstände kannst Du ablesen, was sich in Deinem Inneren tut. Die Außenwelt ist in physischer Form das, was Du als Möglichkeiten und Begrenzungen in Dir trägst. Und es ist Zeit, genau das zu untersuchen, um Dein Leben neu auszurichten.

Noch ist Dir nicht bewusst, was Du für Annahmen übernommen hast. An dieser Stelle musst Du einfach akzeptieren, dass das Leben genau auf diese Weise funktioniert. Du denkst und parallel dazu teilt sich Dir dieser Gedanke auch als Gefühl und Handlung mit. Drei Ausdrucksformen gleichen Inhalts. Gedankentätigkeit und Gefühle erlebst Du innerlich, die Handlungen erfolgen in der physisch wahrnehmbaren Ebene. Dabei sind die Begriffe "innerlich" und "äußerlich" nicht wirklich korrekt. Denn sie erwecken den Anschein, dass sie verschieden voneinander sind. Wir sprechen häufig auch vom Bewusstsein und Unterbewusstsein, obwohl es nur ein Bewusstsein gibt.

Die Erklärung dafür ist einfach. Das gesamte Leben wird in unserer Gesellschaft nach der Uhrzeit geregelt. Nicht nach den natürlichen Impulsen. Auf diese Weise erschaffen wir zwei Erfahrungsbereiche. Den inneren Bereich, bei dem wir selbst spüren, wann wir hungrig oder müde sind, eine Pause brauchen, traurig sind ... Und den künstlich erzeugten Bereich der Außenwelt, die uns eine Lebensweise vorgibt, die mit der natürlichen und ursprünglichen, individuellen Lebensweise nichts zu tun hat. Sie ist auf Leistung und Profit ausgelegt, bis eine gesellschaftliche Wende eintritt und das tägliche Leben wieder den menschlichen Bedürfnissen angepasst wird.

5.4 Die Lösung liegt hinter dem Gefühl

Angst ist daher ein Indiz dafür, dass Du Dich Deinem ursprünglichen Inneren näherst, auf dem ein Verbot liegt. Oder, dass etwas von Dir erwartet wird, von dem Dein Herz Dir sagt, dass diese Lebensweise ursprünglich nicht in Dir angelegt wurde. Damit hat Angst auch im Erwachsenenalter eine positive Bedeutung. Sie erklärt Dir, wo Du gerade stehst.
Hast Du eine unangenehme Erfahrung mit Tieren oder der Dunkelheit gemacht, warnt Dich Deine Angst lediglich vor der Wiederholung dieser Situation. Hier kannst Du Dir Dein Sein zurückerobern, indem Du Dich diesen Umständen mit Absicht aussetzt und dabei die Erfahrung machst, dass Dir nicht Unangenehmes geschieht.

Sind Dir unbedacht Teile Deines Selbst abgesprochen worden, wirst Du Dich in bestimmten Bereichen zurückgehalten fühlen. Du möchtest, aber Du kannst nicht. Die Aussage, dass Du nur wollen musst und dann klappt es auch, ist nur bedingt richtig.
Ja, Du hast alles, was Du brauchst, immer noch in Dir.
Nein, Du kannst es im Moment aber nicht praktisch umsetzen, so sehr Du es auch willst.

Die Lösung?

Das wirkliche Wissen, dass Du alles in Dir trägst und dass es Dir nie genommen wurde. Das bloße Wollen setzt nicht an der Wurzel der Situation an. Es geht davon aus, den Moment zu meistern, wenn man nur genug anstrengt. Damit bleibt man auf der Ebene der Handlung stecken. Der Erfolg beginnt aber beim Gedanken und dem entsprechenden Gefühl.
Stell Dir vor, Du hast eine Prüfung abgelegt und eine schlechte Note bekommen. Du hast die Möglichkeit, die Arbeit zu wiederholen und besser abzuschneiden. Also lernst Du so intensiv und lange, wie es Dir nur möglich ist. Was ist in diesem Moment Dein Ausgangsgedanke? Vielleicht:

- Ich muss dieses Mal unbedingt besser sein.
- Ich darf nicht versagen.
- Was, wenn ich es wieder nicht schaffe?
- Wenn das schiefgeht, bin ich erledigt!

Woraus entspringen diese Aussagen?

Richtig, aus der Angst. Vielleicht spürst Du sie nicht direkt und denkst, dass Du einen starken Willen hast, es zu schaffen. Aber tauche mal einen kurzen Moment in das Gefühl von Zufriedenheit und Glück und dann sprich die oben genannten Sätze aus. Passt es, in dieser positiven Stimmung zu sagen, dass Du nicht versagen darfst? Ganz sicher nicht. Deshalb weißt Du jetzt, dass ein krampfhaftes Wollen immer der Angst entspringt. Sie liegt auf den Dingen, zu denen Du keinen Zugriff hast, weil Dir erzählt wurde, dass Du dumm, unfähig oder unkonzentriert bist.

An dieser Stelle kommst Du mit Wollen nicht weiter. Du musst tiefer gehen. Die Angst ersetzt in Deinem Fühlen das, was man Dir in der Kindheit abgesprochen hat. An dieser Stelle ist es Zeit, durch die Angst hindurch zu tauchen, um zu berühren, was Du in diesem Moment im Leben brauchst. Fähigkeiten, Dinge, Beziehungen, Wissen oder was es auch ist. Es liegt "hinter" der Angst, was bedeutet, dass Du Dich auf das Fühlen dieses Leerzustandes namens Angst einlassen musst und Dich plötzlich in dem wiederfindest, was Du suchst.

In dem oben genannten Beispiel müsstest Du für einen Moment das Üben und Lernen beiseitelegen und Dich auf Dein Gefühl einlassen. Auf die Empfindung, die Du haben würdest, wenn alles erreicht wäre, was Du Dir wünschst. Dies ist kein esoterischer Hokuspokus, sondern der Weg aller Dinge, um letztlich für die Sinne wahrnehmbar zu werden. Wenn Du Dir die Zeit nehmen und beobachten würdest, welche Gefühle und Gedanken Dich täglich durchströmen und diese anschließend mit Deiner äußeren Realität vergleichst, wirst Du erleben, dass alles übereinstimmt. Würdest Du jemals grübelnd dasitzen, wenn Du glücklich wärst? Könntest Du Angst spüren, wenn sich alles zu Deinem Besten entwickelt?

5.5 Was steht in Dir geschrieben?

Es ist so, dass nicht die Umstände die Ursache Deiner Erfahrungen sind, auch wenn wir das gerne denken. Deine Erfahrungen resultieren immer aus den Gedanken, die Du bezüglich einer Situation hast. Ob diese von Deinen Eltern stammen oder dem Massenbewusstsein entsprungen sind, ist dabei egal. Du kannst auch Deine eigenen Gedanken hinsichtlich einer Situation entwickeln. Dann wirst Du die Erfahrung machen, ausgebremst zu werden, weil Dir die Mehrheit sagen wird, dass Du spinnst. Innerhalb einer Gesellschaft gibt es allgemeingültige Festlegungen. Spürst Du, dass diese das Leben begrenzen, und möchtest Du darüber hinausgehen, musst Du einige Grundlagen des Lebens verstehen, weil Du sonst in die gedanklichen Grenzen zurückkatapultiert wirst. Dieses Leben, Entscheidungen unabhängig von äußeren Umständen zu treffen und deren Realisierung zu erwarten, ist die Freiheit, von der jeder Mensch träumt. Zu haben, was man in der entsprechenden Situation braucht, immer und unter allen Umständen, das ist es, wonach der Mensch sich sehnt. Aus eigener Kraft leben zu können, ohne Vorbedingungen anderer Menschen erfüllen zu müssen. Frei sein von materiellen Begrenzungen und sich selbst auszudrücken als das, was man im tiefsten Inneren fühlt.

Wir denken, dass die Umstände unsere Erfahrungen und die damit verbundenen Gefühle diktieren. Wäre das wahr, könnten wir uns nie frei entfalten. Unser Leben wäre wie in der Kindheit abhängig von den Entscheidungen anderer Menschen. Vom Arzt und seiner Diagnose, vom Arbeitgeber bezüglich der Lohnhöhe, vom Partner und dessen Wünschen und von allgemeingültigen, gesellschaftlichen Ansichten. Tatsächlich leben die meisten Menschen auf diese Weise. Grassiert eine Grippe, erwarten sie diese Erkrankung auch für sich. Bricht die Arbeitsplatzzahl in einer Branche ein, haben sie Angst, selbst gekündigt zu werden. Fühlen sie sich nicht gut oder schön genug, erwarten sie diese Sicht ebenfalls von ihrem Partner. Sagt die Umwelt, dass es nicht geht, akzeptieren sie es und streichen es damit aus ihrem Repertoire der Möglichkeiten.

Es ist wichtig, dieses Wissen im Hinterkopf zu haben, wenn Du beginnst, Dein Leben zu hinterfragen. Anfangs wird es nicht so sehr um die Frage nach dem Sinn Deines Daseins gehen. Vielmehr stehen existenzielle Fragen im Vordergrund:

- Wie kann ich in diesem Bereich besser werden?
- Wie verbessere ich meine Gesundheit?
- Wie erlange ich mehr Geld?
- Wie kann ich das Verhältnis zwischen allen Familienmitgliedern verbessern?
- Wie finde ich den passenden Job?

All diese Fragen bringen Dich zu Deiner Persönlichkeit. Zu dem, was Dir über Dich beigebracht wurde und was Du gelernt hast, Dir zu versagen. Angst ist ein Indikator für eine Stelle, hinter der Fähigkeiten versteckt sind, die Du aber nicht antasten und ausleben darfst. Weil Du akzeptiert hast, dass Du das nicht kannst. Es waren aber nur Worte, die andere Menschen über Deine Person ausgesprochen haben. Ohne, dass sie wussten, was sie taten. Es war ihre Sicht von Dir, die sie zu den Aussagen bewegte. Es waren ihre Konditionierungen und Begrenzungen, die aus ihnen sprachen. Sie haben nichts mit Dir zu tun. Deshalb musst Du die Angst nicht "wegmachen". Das braucht es nicht und es ist auch nicht möglich. Je mehr Dir bewusst wird, dass Du das, was Du brauchst, in Dir besitzt, desto mehr verschwindet die Angst von allein. Angst ist ein anderes Wort für Leere. Richtest Du Deinen Blick wieder auf die konkrete Fähigkeit, rückt diese in Deinen Fokus und wird mit allen Sinnen greifbar. Auf diese Weise ist das "Loch" ausgefüllt. Du erhältst einen Teil Deiner Persönlichkeit wieder zurück, obwohl er nie verloren war. Du hast Dir nur gestattet, ihn als verloren zu empfinden. Das machst Du rückgängig, indem Du Dich innerlich mit dieser Fähigkeit beschäftigst. Gedanklich und gefühlsmäßig. Dann geht sie Dir sprichwörtlich in Fleisch und Blut über und bewirkt, dass Du sie auch mit Deinen physischen Sinnen erlebst und umsetzen kannst.

6. Das Gefühl der Wut

Während Angst Dich zur Handlungsunfähigkeit zwingt, ist Wut eine Kraft, die Dich in Kontakt mit einem Gegenüber bringt. Wut lässt Dein Blut kochen, indem der Blutdruck steigt und das Bedürfnis nach einer heftigen Handlung entsteht. Während Dich Angst zittern und wie angenagelt stehen lässt, sucht Wut einen Bezugspunkt, der attackiert werden kann. Du bringst dieses Gefühl zum Ausdruck, indem Du jemanden oder ein Objekt anschreist oder physisch auf ihn oder den Gegenstand losgehst. Warum? Was ist die Ursache dieser Energie?

Es sind wieder Deine Gedanken, die Dir erzählen, dass Du etwas nicht haben darfst oder nicht bekommst. Lass uns ein **Beispiel** ansehen, um es anschaulicher zu machen.
Du kennst aus eigener Erfahrung die Situation, in der ein Einzelner etwas verbockt und die gesamte Gruppe dafür bestraft wird. Du selbst hast keinen Fehler gemacht und sollst für das Handeln eines anderen geradestehen und die Konsequenzen tragen. Was passiert in diesem Moment, wenn Du Dich wirklich ungerecht behandelt fühlst und die Sanktionen einen extremen Eingriff in Deine Privatsphäre darstellen?

Du wirst wütend. Was bedeutet das ganz praktisch? Ein anderer Mensch bestimmt eine Strafe, die Du zu ertragen hast. Was Du nicht willst. Du siehst in diesem Moment aber keine Möglichkeit, der Situation zu entkommen. Ein anderer Mensch bestimmt das Geschehen in Deinem Leben und beschneidet Dich, obwohl Du Dein Bestes gegeben hast. Daraufhin rebelliert Deine Persönlichkeit. Sie greift die Entscheidung Deines Gegenübers an. Sie rechtfertigt sich. Sie zieht alle Register, um zu überzeugen, dass sie schuldlos und eine Verurteilung ungerechtfertigt ist.

Wenn das nichts hilft und die Situation weiter bestehen bleibt, startet der Versuch der gewaltsamen Einschüchterung, um dem Dilemma zu entkommen. Ein Ego wendet sich gegen das andere Ego und versucht durch Einschüchterung, zu bekommen, was es will. Auch hier ist die Ursache in einem "Loch" unseres Selbst zu suchen. Während Angst den Betreffenden selbst infrage stellt, findet Wut die Schuld beim Gegenüber und will diesen zur Verantwortung ziehen. Sie geht davon aus, dass der andere die Ursache des eigenen Leides ist, und will den Verursacher eliminieren. Dieser Versuch ist ein Abwehrmechanismus, der es möglich macht, die leeren Stellen in der Persönlichkeit nicht zu fühlen. Während Angst einen direkt zu den Aussagen bringt, die man von anderen übernommen hat (das kannst Du nicht, das darfst Du nicht ...), ist Wut die Abwehr der Tatsache, dass man an eine Begrenzung gestoßen ist.

Ironischerweise liegt der Betreffende ja richtig, denn niemand kann ihm sein ursprüngliches Wesen und seine Vollkommenheit nehmen. Er kann in diesem Moment nur nicht verstehen, dass er gelernt hat, sich selbst Begrenzungen aufzuerlegen, die real nur so lange gültig sind, wie er sie gedanklich aufrechterhält. Während Wut in den äußeren Raum orientiert ist und so von den Ursachen ablenkt, macht uns die Angst deutlich, dass wir schon in Kontakt mit einer uns begrenzenden Aussage gekommen sind.

Die Außenwelt ist nicht die Ursache Deiner Schwierigkeiten

Nach jedem Wutausbruch fällt die Energie in sich zusammen und sorgt dafür, dass der Betreffende mit Hilflosigkeit, Ohnmachtsgefühlen oder Depressionen konfrontiert wird.
Warum? Weil sich der Gedanke des Betreffenden bezüglich der Situation geändert hat. Ging es anfangs darum, Stärke und unbeugsamen Willen zu demonstrieren, knickt das Ego ein, wenn es merkt, dass sich das Gegenüber nicht einschüchtern lässt. Dann werden die Wunden geleckt und der Gedanke, es dem anderen zu zeigen, verschwindet. Stattdessen tritt das Bedauern auf den Plan und man beginnt, sich selbst leidzutun, ausgehend von den Gedanken, dass man nicht bekommt, was einem eigentlich zusteht und dass man nicht verstanden wird. An dieser Stelle könnte die Akzeptanz der Situation beginnen, stattdessen setzt sich meist das Gefühl von Groll durch. Man ist nach wie vor wütend auf den anderen, trägt diesen Ärger aber still mit sich herum und wartet auf die nächste Gelegenheit, um erneut zu explodieren. In der Hoffnung, dass das Gegenüber doch dann endlich seinen Fehler einsieht.

Wären wir in dieser Situation ein freier Mensch, würden wir uns einfach aus der Situation entfernen. Wir würden gehen, weil es für uns klar wäre, dass wir das, was von uns erwartet wird zu sein, nicht leben können. Also verabschieden wir uns, ohne die Angst, plötzlich allein dazustehen oder unterzugehen, wenn wir beispielsweise einen Arbeitsplatz verlassen. Wir müssen dann niemanden verbal oder physisch attackieren, weil unsere Existenz nicht von dieser Situation und dem Wohlwollen dieses Menschen abhängt. Wir können die Situation verlassen und sicher sein, dass etwas Besseres kommt.

Wird die Wut dauerhaft, wandelt sie sich in Hass. Der Ärger über eine Situation kann sich über Jahre hinweg aufstauen und mit der gegenwärtigen Realität gar keinen Zusammenhang mehr haben, trotzdem wird am Hass festgehalten. Kann der vermeintliche Auslöser der Wut nicht ausgeschaltet werden, wird ein schwelender Gedanke zur Ursache von Hass. Der andere Mensch hat einem eine Chance vermasselt. Deshalb sollte er zumindest leiden, um selbst entschädigt zu werden.

Diesem Gedanken liegt die Erfahrung zugrunde, dass einem selbst wichtige Dinge durch einen konkreten Menschen verweigert wurden. Es geht also weniger um Aussagen, die einen als unfähig abstempeln, sondern vielmehr um eine klare Verweigerung. Der Erwachsene sitzt am längeren Hebel und sagt einfach "Nein". Ohne Erklärung der Umstände. Dieses Verhalten empfinden wir schon in der Kindheit zutiefst demütigend und als Machtmissbrauch. Es liegt dem Empfinden nach nicht an uns, dass wir nicht bekommen, was wir brauchen. Der andere will es uns schlichtweg nicht geben.

Solange wir nicht verstanden haben, dass uns aus unserem Denken heraus alles möglich ist und zukommen kann, machen wir immer andere Menschen verantwortlich. Wir suchen den Schuldigen in der Außenwelt, dabei sitzt der wirklich Schuldige direkt zwischen unseren Ohren. In Form einer Stimme von Erwachsenen, die etwas über uns erzählt, was nicht wahr ist. Durch diese Aussagen wird es allerdings zu unserer Realität, weil wir den Worten Glauben schenken und sie in uns aufnehmen. Alles steht und fällt mit der Wahrheit, dass wir mit allem verbunden sind. Es sei denn, wir sind es nicht.

7. Du und der Hass

Wir haben eben schon das Gefühl von Hass angeschnitten, der ein Ausdruck dauerhafter Wut ist. Anstatt mit einer Situation irgendwann abzuschließen, schüren wir dieses Gefühl immer wieder und ergehen uns in Gedanken an die Vergangenheit. Du kennst das aus eigener Erfahrung, denn auch in Deinem Leben gab es Situationen, in denen Du auf eine negative Weise behandelt wurdest, die Du bis heute nicht vergessen hast. Warum nicht?

Jeder Mensch bringt alle Fähigkeiten als Anlage mit sich auf diese Welt. Darunter auch die des Vergebens. Sie muss jedoch aktiviert werden, um für das Kind greifbar zu sein. Geschieht das nicht durch eigenes Erleben, hat das Kind auch in späteren Jahren keinen willentlichen Zugriff darauf. Das heißt, dass es nicht in der Lage ist, einem anderen Menschen zu vergeben.

Wie wird diese Fähigkeit erlebbar gemacht?

Indem dem Kind Fehler verziehen werden und es die Erfahrung machen darf, dass "Fehler" nur das Ausprobieren von Möglichkeiten sind, die nicht zu dem erwünschten Ergebnis geführt haben. In unserer Gesellschaft haben Fehler keinen Platz. Wenn sie auftreten, haben sie für den Betreffenden meist existenzielle Konsequenzen. Die Eltern sind wütend und wenden sich vom Kind ab oder bestrafen auf unangemessene Weise. Im Erwachsenenalter werden vielfach Geldbußen eingesetzt, um Fehler zu ahnden. Ein Vorgehen, das jeden Menschen empfindlich trifft, weil Geld ein Mangelobjekt ist.

Mit diesen Erfahrungen ist Hass vorprogrammiert. Du darfst nicht probieren, Du musst sofort funktionieren. Auf diese Weise ist angstvolles Lernen ausgeschlossen. Mit dem Ergebnis, dass der Betreffende sich wehrt und sein Geburtsrecht auf freie Entfaltung einfordert. Das Leben bestraft niemanden, es sind die Menschen, die das tun, wenn Du nicht ihren Erwartungen gerecht wirst. Summieren sich diese Erfahrungen, schlägt der Mensch um sich, weil er sich aus diesem Käfig befreien will. Die Ursache dieses Vorgehens ist die Erfahrung, nicht angenommen zu sein, wie man war. Ein lautes und wildes Kind nervt die Eltern. Möchte der Nachwuchs ununterbrochen Bücher vorgelesen bekommen, geht auch das an die Substanz der Eltern. Man ist als Kind wie man ist und wird ständig ausgebremst. Da ist das Empfinden, dass es anders sein müsste, einfacher und schöner, aber es geschieht nichts. Proteste werden mit Strafen beantwortet und die Möglichkeit des Ausprobierens wird beschnitten.

Es gibt keine "Fehler"

Auch in Deinem Leben finden sich Baustellen bezüglich Menschen, denen Du noch nicht vergeben hast. Auf diese Weise bist Du immer noch an sie gebunden, während sie sicher gar nicht mehr an Dich denken. Wäre in Deiner Kindheit nicht Leistungsdenken das zentrale Thema gewesen, wärst Du heute schon aus diesem Kreis ausgebrochen. Wärst Du bedingungslos geliebt worden, wäre ein sogenannter "Fehler" nichts weiter als ein Verhalten gewesen, das nicht zum Ziel führt. Man hätte Dich in die Arme genommen, zu einem weiteren Versuch ermuntert und Dir erklärt, was Du anders machen solltest. Das ist Vergebung. Dann wären wir im Erwachsenenalter in der Lage, unsere eigenen Fehler schneller zu verzeihen. Wir müssten uns nicht für etwas zerfleischen, das beim ersten Anlauf in die Hose gegangen ist. Wir könnten einfach feststellen, dass wir einen neuen Anlauf nehmen sollten, um zu erreichen, was wir uns vorstellen.

Stattdessen übernehmen wir die Verurteilungen anderer Menschen in unser Wesen und machen uns damit das Leben zur Hölle. Die Erfahrung, nicht gut genug zu sein, weil wir den Forderungen anderer nicht genügen, trennt uns von unserem Selbstvertrauen. Intuitiv verstehen wir, dass wir nicht hier sind, um zu sein, wie andere uns haben wollen. Da wir als Kinder aber abhängig sind, haben wir in dem Alter keine Möglichkeit, ein beurteilungsfreies Leben einzufordern. Schichtet sich eine ungerechte Behandlung auf die andere und haben wir keine Möglichkeit, uns wertfrei auszuprobieren, beginnt das Denken dauerhaft zu kreisen. Bis die Wut eskaliert und in Hass umschlägt, der sich auf die beurteilende Person richtet.

In diesem Moment kannst Du nicht vergeben, denn Du hast es nie erfahren. Es wurde aus Deinem Sein einfach dadurch ausgegrenzt, indem man es Dir nicht vorlebte. Du hast es mitgebracht, aber es wurde Dir gegenüber nicht ausgedrückt und damit nicht in Dir berührt. So weitreichend sind Worte und Handlungen gegenüber anderen Menschen. Nicht umsonst existiert der Satz, dass man seinem Gegenüber nichts tun solle, was man selbst nicht erleben möchte. Allerdings können wir diese Aussage erst dann in die Realität umsetzen, wenn wir uns die Fähigkeit zu vergeben und positive Dinge auszudrücken, wieder zu eigen gemacht haben. Solange uns unsere Konditionierungen dirigieren, sind wir den Gedanken von Ablehnung und den daraus resultierenden Wut- und Hassgefühlen unterworfen.

8. Das Gefühl der Eifersucht

Eifersucht und Neid entstehen aus Gedanken, die Dir erzählen, dass andere etwas haben, was Du nicht bekommst. Diese Vorstellung entspringt einer materialistischen Denkweise, die das Leben als ein Produkt der eigenen Leistungsfähigkeit sieht. Wenn Du Eifersucht in Dir spürst, untersagst Du Dir gerade selbst etwas, was Dir von Geburt an zusteht. Du unterliegst in diesem Moment einem Mangeldenken, das Dir vorenthält, was es anderen gibt.

Aus welchem Grund sollte das so sein?

Gehen wir ernsthaft davon aus, dass bestimmte Dinge bestimmten Menschen vorbehalten sind? Dass es wirklich nur auf die Leistung und Geschäftstüchtigkeit ankommt, um ein Stück vom Kuchen abzubekommen?

Mit etwas gesundem Menschenverstand weißt Du, dass dem nicht so ist. Der Mensch erschafft ein System, das in dieser Weise existiert, aber die ursprüngliche Natur ist anders.
Sieh Dich in der Natur um. Jedes Tier wird genau dort geboren, wo es die Lebensbedingungen und Nahrung findet, die es braucht. (Bis der Mensch dazwischenfunkt.) Es ist nicht die Natur, die den Mangel geprägt hat, sondern der Mensch. Er hat ein System geschaffen, in dem Du von allen lebensnotwendigen Dingen getrennt bist. Andere Menschen haben die Lebensmittel, die Wohnung und die Medizin, die Du brauchst, um zu existieren. Ohne sie und einen Tausch, um an die Dinge zu gelangen, hast Du (anscheinend) keine Möglichkeit zu existieren.

Wächst Du bei reichen Eltern auf, erlebst Du materiellen Überfluss. Du wirst mit einem Möglichkeitsdenken geprägt, zu dem Du lediglich die entsprechenden Finanzen brauchst. Trotzdem werden auch diese Menschen mit Neid konfrontiert, denn ihnen kann etwas fehlen, was sich nicht mit Geld kaufen lässt. Prinzipiell kann alles der Anstoß für Neid sein. Du siehst etwas bei einem anderen Menschen, das Du auch haben oder sein möchtest.

Doch es gibt scheinbar keinen Weg, um den Besitz für Dich möglich zu machen.

Eifersucht ist Gift in dir

Eifersucht öffnet Wut und Hass den Weg, denn das Objekt der Begierde vor der Nase zu haben, es sich aber nicht nehmen zu können, erzeugt viele negative Gefühle. Der Gedanke, sich etwas nicht leisten oder nie erreichen zu können, macht wütend. Du fragst Dich, aus welchem Grund der andere Mensch besser sein soll als Du. Er bekommt etwas, Du nicht? Wer stellt hier die Verteilungsregeln auf?
Niemand, außer wir selbst. Oder besser gesagt sind es unsere Konditionierungen, die Fülle oder Mangel in unserem Leben bewirken und uns zu neiderfüllten Menschen machen.

Deine Eifersucht tut Deinem Gegenüber nichts. Sie richtet nur in Dir großen Schaden an. Eifersuchtsgedanken erzählen Dir, dass Du klein und unwürdig bist, während andere bekommen, was sie wollen. Anschließend machen sie den anderen schlecht und lassen kein gutes Haar an ihm. Das Problem besteht darin, dass der Beneidete nicht einmal von Deinen Gefühlen weiß, mit denen Du ihn am liebsten zum Teufel schicken würdest. Wer die Auswirkungen dieser Gedanken zu spüren bekommt, bist Du selbst.

Eifersucht schlägt wie Hass und Wut auf den Magen und die Augen. Es heißt nicht umsonst, dass man "blind vor Wut" oder "grün vor Eifersucht" ist. Die Farbe Grün steht für Gallensaft. Dieser ist bitter und enthält Giftstoffe, die von der Leber ausgeschieden wurden. Eifersucht vergiftet Dein gesamtes Wesen. Die Wut darüber, dass jemand etwas erhält, was Dir vorenthalten wird, bewirkt giftige Gedanken über den anderen Menschen. Obwohl Du es bist, der sich klein und schlecht fühlt, treibt Dich Eifersucht dazu, kein gutes Blatt am anderen zu lassen und ihn in allen Belangen gedanklich niederzumachen. Auch hier hast Du es wieder mit Deiner Persönlichkeit zu tun, die Dir von anderen Menschen mitgegeben wurde. Du spürst, dass Du, genau wie andere Menschen, ein Recht auf eine ausreichende Versorgung und gute Möglichkeiten hast. Du bist ein Mensch wie jeder andere, weshalb sollte Dir etwas vorenthalten werden?

Weil Du es so gelernt hast. Weil sich Aussagen und Erfahrungen tief in Dein inneres Wesen eingegraben haben und jetzt Deine Persönlichkeitsstruktur bilden. Selbst wenn Du nicht eifersüchtig oder wütend werden willst, weil Du die Sinnlosigkeit dieses Handels verstehst, Du kannst nicht anders. Dein inneres Programm schaltet in den entsprechenden Situationen auf Autopilot und wiederholt vergangene Gedanken und Gefühle in einer Situation, die dem Erleben in der Vergangenheit ähneln. Du bist nicht in der Gegenwart, sondern in vergangenen Strukturen gefangen. Du spürst, dass es nicht so sein sollte und da ist auch eine leise Ahnung, dass es Dich in einer Ausgabe ohne Hass und Neid gibt. Aber noch existiert eine fremde Struktur in Dir, die Dein Denken und Handeln bestimmt. Sie muss erst fallen, dann kannst Du Dich als einen neuen Menschen erleben.

9. Die Trauer

Trauer ist eine Empfindung, die Dich völlig aus der Bahn werfen kann. Wenn Du einen geliebten Menschen verlierst, trifft es Dich wie ein Schlag. Du kannst im Vorfeld nicht vorwegnehmen, wie sich der Verlust anfühlen wird. Du kannst es nicht auf der rationalen Ebene durchspielen, um vorbereitet zu sein. Trauer hat eine gewaltige Energie, die bis zur Handlungsunfähigkeit führen kann, wenn Du nicht zu Dir zurückfindest.

Das Gefühl, verlassen zu werden, ist existenzieller Natur. Wenn Du Dich an einen Menschen gebunden hast, wie es innerhalb einer Familie der Fall ist, wirst Du beim Verlust dieses Menschen mit Deinen Urängsten konfrontiert. Der Inhalt dieser Empfindung ist die Frage, was mit Dir jetzt passiert, wenn dieser andere Mensch nicht mehr da ist. Solange er anwesend war, war Dein Leben irgendwie "sicher". Der andere war ein Teil von Dir. Er gehörte zu Deinem Leben wie Deine Hände oder Deine Stimme. Kommt es zur Trennung, erlebst Du Dich plötzlich als unvollständig. Ein Mensch oder auch ein geliebtes Haustier geht und Du bleibst mit einer Wunde zurück.

Die Verbindung kann wie bei einer Mutter und ihrem Kind so eng gewesen sein, dass Du bei jedem Schritt an den verlorenen Menschen erinnert wirst. Jeder Gegenstand bringt Dich zu einem gemeinsamen Erlebnis zurück und berührt erneut die Erfahrung, von nun an getrennt zu sein.

Ein Verlust fordert Zeit für Dich selbst, um zu trauern. Dazu gehören Tränen, Schuldgefühle und teilweise auch Wut, dass etwas ohne Deine Zustimmung beendet wurde. Du hattest keine Möglichkeit, Dich darauf vorzubereiten. Du wurdest nicht gefragt, ob das für Dich stimmt. Hier setzt das Leben mit seinen eigenen Zyklen an. Du kannst Dich beugen oder dagegen kämpfen, ändern kannst Du es nicht.

9.1 Wenn eine Bindung zerbricht

Ein Verlust hinterlässt eine Leere, die irgendwann wieder gefüllt wird. Aber Du brauchst eine Weile dafür, weil sich der verlorene Mensch nicht ersetzen lässt. Du musst Dir Zeit nehmen, die Abwesenheit eines geliebten Menschen ganz bewusst zu akzeptieren. Am Anfang ist das nicht möglich, weil der Schmerz zu groß ist. Nach einigen Wochen weißt Du, dass der Abschied nicht umkehrbar ist. Jeden Tag akzeptierst Du die Situation ein klein wenig mehr. Das bewirkt dann, dass Dir beim Anblick von Erinnerungsstücken nicht sofort schwer ums Herz wird. Der Fokus beginnt sich nämlich langsam zu verändern.

Aus der Frage, was denn nun mit Dir werden soll, wen Du zukünftig fragen kannst oder wie Du den Verlust durchstehen sollst, wird eine Antwort. Du erinnerst Dich einfach. Wie es zusammen war, was ihr geteilt und erlebt habt. Die Wunde, die dieser fehlende Mensch in Dir hinterlassen hat, wird mit liebevollen Erinnerungen gefüllt. Jeden Tag ein Stückchen mehr. Das macht den Trauerprozess aus, der deshalb langwierig ist. Im Gegensatz zur Angst, die Du ansprechen und zur Seite schieben kannst, musst Du Deine Trauer bis in jede Faser leben, ohne in ihr zu ertrinken.

Es ist wichtig, die Wunde heilen zu lassen und sie nicht täglich aufzureißen. Ist man nicht gewillt, auch die guten Zeiten anzuerkennen und sich ins Gedächtnis zu rufen, dass alles seine Zeit hat und vorübergeht, tritt keine Heilung ein. Es kommt der Moment, wo Du Dich entscheiden musst, Deinen Schmerz über den Verlust loszulassen. Du wirst Dir an dieser Stelle bewusst sagen müssen, dass Du dankbar bist, diesen Menschen gekannt zu haben. Du kannst immer an ihn denken und ihn in Deine inneren Gespräche einbinden. Aber Du wirst akzeptieren müssen, dass Deine Existenz nicht von einem anderen Menschen abhängt und Dein Weg noch nicht fertig gegangen ist.

Die Schwierigkeit beim Abschied von vertrauten Menschen besteht darin, dass alle Erfahrungen mit diesem Menschen einmalig waren. Sie sind nicht wiederholbar und das macht uns Angst. Solange der Betreffende lebt, besteht theoretisch immer die Möglichkeit, bestimmte Situationen neu aufleben zu lassen. Selbst wenn man sich nur selten sieht – das Wissen, dass der andere da ist, beruhigt.

Vielleicht hast Du nur wenig Kontakt zu den Menschen Deiner Familie oder Du hast das Gefühl, dass sie Dich nicht wirklich verstehen und Dir daher nicht nahe sind. Selbst dann wird Dich ihr Verlust emotional erwischen und Dir plötzlich das Empfinden bescheren, allein zu sein. Diese Gefühle überrollen Dich auch, wenn Du beispielsweise gar keinen Kontakt mehr zu Deiner Ursprungsfamilie hast, weil ihr auf unterschiedlichen Wegen unterwegs seid. Warum ist das so intensiv und unausweichlich?

Hier wird die Kraft von Bindungen sichtbar und wie alles miteinander verbunden ist. Mit Menschen, an denen Du auf der Straße vorübergehst, bist Du nur "lose" in Kontakt. Dann gibt es Personen, die Du seit Deiner Kindheit kennst. Menschen, mit denen Du arbeitest, und dann ist da Deine Familie. Es ist der Gedanke, dass man zusammengehört, der wie ein unsichtbarer Kleber ist. Die energetische Bindung zwischen Familienmitgliedern und Partnern ist sehr stark. Wer sehr sensibel ist, spürt, was der andere denkt und fühlt, so einnehmend ist diese Energie. Sie muss es auch sein, um diesen Zusammenhalt zu erzeugen, der notwendig ist, damit ein Kind den Schutz und die Fürsorge bekommt, die es in den ersten Jahren zum Überleben braucht. Man muss sich als Mutter und Kind so eng miteinander verbunden fühlen, dass das Leben des anderen zum eigenen Leben wird. Deshalb ist der Schnitt, den der Verlust eines Angehörigen mit sich bringt, intensiver und braucht einen längeren Heilungsprozess.

9.2 Mut zur Trauer

Es gibt viele Menschen, die sich von einem Verlust nie wieder erholen. In diesem Fall gelingt es nicht, den Flow der Energie zu nutzen und sich von ihr tragen zu lassen. Wenn man bereitwillig auf die Gedanken hört, die die Trauer einem zuträgt, wird man erleben, wie viel Trost in ihnen steckt. Zuerst ist nur die existenzielle Angst zu spüren, die ein Verlust mit sich bringt.

Während des Heilungsprozesses verändert sich das Empfinden. Was wie eine alles verschlingende Welle begann, geht in einen reißenden Fluss über und verringert sich in seiner Intensität zu einem sanft fließenden Bächlein. Die Trauer selbst ist es, die sich in ihrer Form wandelt, während sie Dich durchfließt. Wenn Du den Mut hast, sie in Dir zuzulassen, kann sie Dich verändern. Erst fühlt sie sich groß und bedrohlich an und Du kämpfst gegen sie, weil sie sich den Platz nimmt, den zuvor ein lieber Mensch eingenommen hat. Dann wird sie immer vertrauter und weniger erschreckend, weil Du verstehst, dass sie nur für eine bestimmte Zeit den frei gewordenen Platz ausfüllt. Bis Du in der Lage bist, diese Bindung an etwas oder jemand anderen zu vergeben.

Es ist wichtig, dass Du diesen Prozess durchläufst. Du wirst in Deinem Leben sicher mehrere Menschen verlieren. Sei es durch eine Trennung oder weil die andere Person diese Welt verlässt. Lässt Du Dich darauf ein, durch diese Gefühle zu gehen, kannst Du vielen Menschen eine Hilfe sein. Nur wer diese intensiven Gefühle durchgestanden hat, kann andere Menschen bei einem Verlust begleiten. Das Thema Tod oder Verlust wird in unserer Gesellschaft überspielt. Niemand will in einen Zustand geraten, in dem er nicht mehr funktionsfähig ist oder eine Auszeit nehmen muss, um zu trauern und innerlich zu heilen.
Wenn Du den Schmerz gefühlt hast, in die Verzweiflung eingetaucht bist, verlassen zu werden, und den Mut aufgebracht hast, trotz dieser leeren Stelle wieder aufzustehen, dann hast Du genau das gelebt, was das Leben von Dir in dieser Situation erwartet hat. Dann kannst Du einen anderen Menschen in seinem Verlust begleiten und für ihn wird es leichter sein und schneller gehen, die Trauer zu leben und zu akzeptieren. Was wir selbst bis in Grund und Boden durchlebt haben, macht uns keine Angst mehr. Dieses Vertrauen strahlen wir aus und können es auf andere übertragen, die die gleiche Situation zu durchleben haben. Sie werden dankbar sein, dass jemand sie durch diesen Orkan der Gefühle begleitet und einen Halt bietet. So wird der Weg zu Dir selbst auch für andere Menschen zu einem Vorteil.

Die Trauer ist wie ein Umhang, der sich um Dich legt. Sie zieht Dich in die Tiefe und lässt Dich Gefühle in einer Intensität fühlen, die Dir sonst nicht möglich ist. Anfangs ist das beängstigend, denn Du glaubst, nie wieder daraus aussteigen zu können. Trauer ist wie ein Pflaster für die Seele. Du darfst es nur nicht vorzeitig abreißen und Dich auch nicht dauerhaft darunter verstecken. Trauer hat ihre Zeit und Du weißt instinktiv, wann es Zeit ist, auch dieses Gefühl gehen zu lassen. Die Gedanken werden sich ordnen, Dein weiterer Weg wird sich zeigen und Dein Leben geht in neuer Form weiter. Erinnere Dich in diesen Momenten an die Wahrheit, dass alles kommt und geht. Manches früher, anderes später. Aber es wird alles irgendwann aus Deinem Leben verschwinden. Letztendlich durch den eigenen Tod.

Aus diesem Grund ist es wichtig, sich täglich mit dem Thema Abschied auseinanderzusetzen. Du bist nicht traurig, wenn Du Dich morgens von Deinen Kindern oder Deinem Partner verabschiedest. Obwohl auch das ein kleiner Verlust ist, zumindest auf der Oberfläche. Die familiäre Bindung bleibt den Tag über erhalten, bis ihr euch abends wiederseht. Umzüge in eine andere Stadt, der Auszug der Kinder, Freunde verlassen den Wohnort, ein Arbeitsplatz wird gewechselt – das sind alles Verluste, die einen mehr oder weniger berühren.

Nimm Dir von nun an die Zeit, ein wenig mehr bei solch einer Situation zu verweilen. Spüre tiefer und fühle, wie sich ein Band auflöst. Je achtsamer Du mit Situationen des Abschieds umgehst, umso einfacher kannst Du Trauer als Teil Deiner emotionalen Welt akzeptieren und zulassen. Ohne sie kannst Du bei einem Verlust innerlich nicht abschließen. Wenn das geschieht, bist Du Dein restliches Leben an Schuldgefühle, Verzweiflung oder Hass gebunden und zerstörst Dich selbst. Wenn Du die Trauer bildlich gesprochen umarmst, wirst Du merken, dass der Schmerz in Wellen kommt und abebbt. Du musst Dich nur hingeben und akzeptieren, dass Du genau das für diesen Moment sein sollst – verletzlich, still und akzeptierend.

10. Der Stress in Deinem Leben

Jeder sagt, dass er Stress hat. Die Wahrheit ist aber, dass jeder den Stress selbst verursacht. Wie schon zuvor beschrieben bringen uns nicht die äußeren Umstände aus dem Gleichgewicht, sondern das, was wir über sie denken. Stress ist nichts weiter als der Versuch, an vielen Fronten gleichzeitig erfolgreich zu sein, während der Verstand alles in negativer Weise bewertet. Nehmen wir dazu eine bekannte Situation, die Stress erzeugt.
Du fährst zur Arbeit und steckst im Stau fest. Die ersten Minuten bleibst Du noch ruhig, weil Du hoffst, dass es gleich weitergeht. Nach fünf Minuten Wartezeit, in denen sich auf der Straße nichts tut, wirst Du nervös. Warum? Weil Dir Deine Gedanken sagen, dass Du zu spät kommen wirst. An sich ist dieser Fakt kein Problem, aber Dein Gehirn beginnt jetzt, die Situation auszumalen. Du bist also nicht pünktlich da und jemand muss Deine Arbeit mit übernehmen. Weil es ohne Deine Arbeitsschritte nicht weitergeht. Diese Person ist Dir aber nicht freundlich gesonnen. Ihr habt keinen guten Draht zueinander und eure Kommunikation beschränkt sich auf "Guten Tag!" und "Guten Weg!".

Du "weißt" also, dass es Ärger gibt. Obwohl Du es nur denkst und keine weitere Person in Deinem Auto ist, fühlt es sich real an. Der Gedankengang verstärkt sich, wenn Du Dich erinnerst, dass die betreffende Person Dich erst gestern ziemlich böse angesehen hat. Wenn sie heute Deine Arbeit übernehmen muss, wird sie sicher noch ärgerlicher auf Dich sein. Du malst Dir in Deiner Vorstellung aus, wie sie Dich ansieht und Dir die kalte Schulter zeigt. Du erinnerst Dich nicht einmal an den Grund ihres Ärgers, aber es wird schon einen geben. Sie wird Dich ignorieren und Du wirst Dich unverstanden und abgelehnt fühlen ...

Innerhalb von wenigen Sekunden haben Deine Gedanken Stress "erzeugt". Genau genommen sind diese chaotischen Gedankenmuster selbst genau das, was man als Stress bezeichnet. Normalerweise ist Dein Geist ruhig und ausgeglichen. Da Du in diesem Moment jedoch keine Lösung siehst, malen die Gedanken eine Horrorvision in Dir, die von Versagen, Katastrophen und Leid erzählt.

Diese Erfahrung entspricht nicht Deinem wahren Wesen. Also versuchst Du, Dich dem Ganzen zu entziehen, aber wie entziehst Du Dich Deinen Gedanken? Die Situation ist real noch nicht eingetreten und spielt sich bisher nur in Deinem Kopf ab. Du kannst also nicht weglaufen, denn Deine Gedanken befinden sich in Deinem Kopf und kommen mit. Du kannst Dich nicht wehren, denn da ist niemand, der Dir zuhört. Du kämpfst mit Deinem Denken und bist noch nicht in der Lage, zu verstehen, dass sich dieses nicht bekämpfen, sondern nur durch die Wahrheit ersetzen lässt.

10.1 Fremdbestimmtes Handeln erzeugt Stress

Wenn Du Gedanken wahrnimmst, die Dir von Unmöglichkeiten, Hass, Ablehnung und Zurückweisung erzählen, mag das auf realen Erfahrungen beruhen, aber diese finden in der Gegenwart nicht statt. Sie sind vergangen und haben nichts mehr mit dem Jetzt zu tun. Du gehst von Scheitern und Versagen aus und genau diese Empfindungen sind es, die Du als Stress empfindest. Du könntest auch anders reagieren, indem Du akzeptierst, dass Du aufgrund des Verkehrs zu spät kommen wirst. Ohne Dich zu zerfleischen. Diese Dinge passieren, aber Du könntest Dir gestatten, dass das aus Dir keinen schlechteren Menschen macht. Es ist in Ordnung, wenn ein anderer für Dich einspringt. Du kannst nichts dafür, wenn er sich darüber ärgert. Er muss diese Entscheidung nicht treffen. Er hat ebenso gut die Möglichkeit zu sagen, dass er es gerne macht. Weil auch er mal zu spät kommen kann.
Die Katastrophenbilder tauchen in Dir auf, weil Menschen Dich durch ihr Verhalten gelehrt haben, in Panik zu verfallen und vom Schlimmsten auszugehen. Wer von uns hatte Eltern, die in solch einer Situation entspannt gelächelt haben und sagten, dass das nicht schlimm sei und vorbeigehen wird? Weil die Situation eben war, wie sie war, und ihre Zufriedenheit nicht von einer positiven Reaktion anderer Menschen abhängig war.

Mit Sätzen wie:

- Was sagen bloß die anderen (über mich)?
- Was denken sie von mir?
- Wie finden mich die anderen?

... geraten wir in einen Kreislauf der Abhängigkeit. Anstatt selbst zu wählen, was wir über uns denken und demzufolge erleben wollen, rufen wir Denkmuster auf, die uns von anderen Menschen eingegeben wurden. In den meisten Fällen sind diese Einschätzungen bezüglich unserer Person negativ.

Halten wir fest: Stress überfällt Dich nicht aus dem Hinterhalt, er ist die spürbare Auswirkung einer Lebensweise, die gegen die natürlichen Impulse arbeitet. Nehmen wir das Beispiel einer schriftlichen Prüfung. Wir bringen uns in dieser Situation selbst in einen Stresszustand. Wir fürchten zu versagen und abhängig von der Art der Prüfung, kann unsere berufliche Existenz davon abhängen. Der unnatürlichste Faktor dabei ist das Zeitlimit. Du musst die Prüfung innerhalb einer vorgegebenen Zeit schreiben, ob Du fertig wirst oder nicht. Dir bleibt keine Zeit, ruhige Überlegungen anzustellen. Du musst funktionieren und abliefern.

Diese Situation entspricht in keiner Weise einem natürlichen Lebensablauf. Eine Pflanze öffnet ihre Blüten nicht, weil wir sie anschreien. Sie hat ihren Rhythmus und ihre Zeit. Ein Baby wird nicht mit einem halben Jahr laufen, weil wir das gerne so hätten. Die Natur gibt den Rhythmus vor, nicht der Mensch. In der Prüfungssituation existieren ebenfalls persönliche Parameter. Ein Mensch schreibt schnell, der andere langsam und gewissenhaft. Ein Prüfling drückt sich mit kurzen Sätzen aus, der andere hat die Fähigkeit, den Satzinhalt mit Nebensätzen anschaulich zu beschreiben. Jeder Mensch drückt sich in jeder Situation in seiner Weise aus, doch das gesellschaftliche System berücksichtigt diese Wahrheit nicht. Wir leben in einem künstlich erzeugten Raum, der auf Profit und Gewinn orientiert ist und alles aussortiert, was dem nicht gerecht wird.

10.2 Lebe nach inneren Vorgaben

Der Versuch, auf eine Weise zu funktionieren, für die der Mensch nicht geschaffen ist, kann nicht funktionieren. Du versuchst, etwas in Angriff zu nehmen, während Du Dich gleichzeitig ausbremst, weil Deine Gedanken Dir etwas von Zeitmangel und negativen Ergebnissen erzählen. Wenn Du ein Projekt beginnst, und sei es einfach das tägliche Abwaschen, brauchst Du dafür eine bestimmte Zeit, um es wirklich gut zu machen. Jeder Versuch, Dich zeitlich einzugrenzen, führt zu Hast und sorgt für einen Misserfolg. Du versuchst in dem Moment unabsichtlich, in zwei Richtungen zu agieren. Da ist das, was Du tun willst, und das braucht einen klaren Erfolgsgedanken. Andererseits sind da die Beschränkungen, die den Gedanken hervorrufen, dass Du es nicht (perfekt) schaffen wirst. Du beginnst also mit dem Gedanken an die Realisierung dieser Aufgabe und wechselst sofort zu dem Gedanken, dass Du es nicht hinbekommen wirst. Damit ist die Handlung zum Scheitern verurteilt.

Dieses Zerren in zwei Richtungen spürst Du als Unruhe, inneren Druck und zwanghaften Antrieb. In jedem Fall fühlt es sich ungesund an und Du weißt, dass es nicht richtig sein kann. Unsere Gesellschaft bietet kaum Möglichkeiten für einen natürlichen Tagesablauf, der nicht krankmacht. Dauerhaft Druck zeigt seine Wirkungen nicht nur in der Psyche, indem sich so viele Menschen als unzureichend und unfähig vorkommen. Auch der physische Körper ist von den Auswirkungen betroffen. Bluthochdruck sorgt für ein erhöhtes Infarktrisiko, von den überhöhten Hormonausschüttungen, die eine ständige (unnatürliche) Leistungsbereitschaft gewährleisten müssen, ganz zu schweigen.

Du kannst das Empfinden von Stress als Sammelsurium vieler Empfindungen beschreiben. Angst, Unruhe, Panik, Hast, Unsicherheit und Wut bilden ein Gemisch von Gefühlen, die Du als Stress wahrnimmst. Da der Mensch noch nicht begriffen hat, dass er ein eigenständiges Wesen ist, glaubt er sich abhängig von anderen Menschen. Die Eltern leben vor, dass Gesundheit, materielle Dinge und Sicherheit immer durch andere Menschen gewährleistet werden. Man muss eine Leistung erbringen, um in den Genuss dieser Dinge zu kommen, und meist hat diese Gegenleistung nichts mit dem natürlichen Lebensrhythmus eines Menschen zu tun.

Wie kann ein Mensch dann gemäß seinen natürlichen Werten leben?

Inmitten dieses kranken Systems werden mittlerweile verstärkt Vorkehrungen getroffen, den Menschen zu entlasten. Entspannungspausen, betriebliche Massageauszeiten, gesunde Ernährung im Büro oder firmeninterne Fitnessprogramme zeigen in die richtige Richtung. Solange sie den Menschen allerdings für den weiteren Verbleib in einem System fit machen wollen, das gegen jede menschliche Struktur gerichtet ist, machen diese Neuerungen keinen Sinn. Der Mensch ist auf der Erde, um sein Wesen zum Ausdruck zu bringen. Grundeigenschaften wie Liebe, Respekt, Hilfsbereitschaft, Herzlichkeit oder Geduld. Die Schlagwörter unserer Gesellschaft sind dagegen:

- schnell
- billig
- mehr

Das lässt sich nicht mit dem vereinbaren, was als Grundwesen in uns angelegt ist. Eine qualitativ hochwertige Handlung lässt sich nicht schnell durchziehen. Billig bedeutet immer, dass eine erbrachte Leistung im Endeffekt nicht angemessen (finanziell) honoriert wird. Und "mehr" bedeutet normalerweise ausreichende Versorgung und nicht profitorientierte Massenproduktion.

Wir gehen später noch konkret darauf ein, wie Du mit Stress und allen "negativen" Gefühlen umgehen kannst. Du bist in jedem Moment der Erzeuger Deiner Gefühle. Oder besser gesagt bist Du die Person, die die Gefühle auswählt. Solange dieser Prozess unbewusst läuft, hast Du keine Möglichkeit, selbst zu bestimmen, wie Du Dich fühlen willst. Du bist dann nicht in der Lage, Deine Wut oder Angst im Griff zu haben, denn die erlernten Mechanismen wirken in Dir. Du bist zwar immer Dein eigener Herr, aber mit einer fremdbestimmten Programmierung.

11. Die Welt der guten Gefühle

Nach all den Empfindungen, die unseren Geist und die Körperfunktionen durcheinanderbringen, wollen wir jetzt einen Blick auf die sogenannten guten Gefühle werfen. Während negative Gefühle Ausdruck innerer Anspannung und chemischer Ungleichgewichte sind, sorgen gute Gefühle dafür, dass sich Körper und Geist in ihren Normalzustand entspannen. Da wir lernen, nur in Extremzuständen zu leben, kommt es uns meist nicht in den Sinn, dass selbst die tägliche Arbeit in einem innerlich entspannten Zustand erledigt werden kann. Sofern man sich dafür entscheidet. Wir denken bei Entspannung meist an einen stillen Raum und eine bequeme Liege. Innere Entspannung ist aber auch möglich, während Du Deinen täglichen Aufgaben nachgehst und körperlich aktiv bist.

12. Du und das Glück

Wie fühlt es sich an, glücklich zu sein?

Alle negativen Kommentare in Deinem Kopf sind verschwunden. Wer Dir etwas von Begrenzungen erzählt, wird mit einem Schmunzeln bedacht, denn in einem glücklichen Zustand ist alles für Dich möglich. Dennoch müssen wir zwischen echtem Glück und einer Freude unterscheiden, die durch äußere Umstände verursacht wird. Letztere ist leider nicht von langer Dauer und wird dafür sorgen, dass wir wieder in Angst und Unsicherheit stürzen. Wirkliches Glück entfaltet sich in Dir, weil Du es "einforderst", indem Du Dich absichtlich auf das Gute konzentrierst, selbst wenn es physisch (noch) nicht wahrnehmbar ist.

Glücklich zu sein beschreibt einen Zustand, in dem Du sehr nahe an Deinem inneren Wesen bist. Damit ist nicht gemeint, dass es Dich und ein inneres Wesen gibt. Ein glücklicher Zustand sorgt dafür, dass Du Dich veränderst. Zuerst gibt es andere Gedanken in Deinem Kopf. Daraufhin verändert sich Dein Empfinden. Der Druck fällt ab, eine Ruhe kehrt ein und plötzlich kommt Dir ein Lächeln ins Gesicht, das kein äußeres Geschehen als Ursache hat. Der gefühlsmäßige Frieden bewirkt, dass sich Deine Muskeln entspannen. Das chemische Gleichgewicht stabilisiert sich und das Herz schlägt gleichmäßiger. Du bist wieder "normal". Im wahrsten Sinne des Wortes. Du bist in Deinen Urzustand zurückgekehrt oder hast Dich zumindest ein ganzes Stück in diese Richtung verändert.

In den meisten Fällen reagierst Du mit einem Glücksgefühl auf positive Nachrichten. Ein Wunsch ist in Erfüllung gegangen, eine Angst wird durch einen positiven Befund aufgehoben oder Du wirst von einem unerwarteten Geldsegen überrascht. Alles in Dir sagt "JA!" zu dieser Situation, deshalb hast Du in diesem Moment nur positive Gedanken in Deinem Kopf. Mit den entsprechenden Auswirkungen.

Ein ganz einfaches **Beispiel** zeigt, weshalb diese Art von Glück nicht von Dauer sein kann:

Tritt ein Mensch auf partnerschaftlicher Ebene in Dein Leben, ist er Dir ganz und gar zugewandt. Du hast seine volle Aufmerksamkeit, denn er möchte Dich für sich begeistern. Du bist plötzlich der Mittelpunkt, um den sich das Leben der anderen Person dreht. Nichts findet unser Ego schöner, als wichtig zu sein. Deshalb fühlst Du Dich am Anfang einer Beziehung auch so wohl.

Da Dein Gegenüber Deine Vorzüge hervorhebt und Du in ihm ebenfalls nur das zu sehen scheinst, was Dir imponiert, ist der Himmel rosarot und Dein Körper mit Glücksgefühlen überschwemmt. Doch das bleibt nicht so. Du hast Dich in einzelne Facetten Deines Partners verliebt. Das heißt, Du erlebst an Deinem Gegenüber Charakterzüge und Verhaltensweisen, die Du billigst. Damit ist Dein Umfeld wie gewünscht und nichts stört Deinen Frieden. Bis Du Dich entliebst.

Zuerst taucht eine kleine Verhaltensweise auf, die Du nicht gutheißt. Darüber schaust Du hinweg. Dann kommt eine Situation, in der Dein Partner eine Handlungsweise an den Tag legt, die Dir neu und unangenehm ist. Auch dazu sagst Du nichts, aber die rosaroten Wolken werden lila. Über Wochen hinweg halten immer mehr Eigenschaften Deines Gegenübers Einzug in das tägliche Leben, mit denen Du nichts anfangen kannst. Zuerst war alles so schön (auf das Positive begrenzt) und plötzlich lässt es nach. Die Glücksgefühle kühlen sich ab, die rosafarbenen Wolken werden dunkel und es ziehen Gewitter in der Beziehung auf. Jeder versinkt zuerst in stummer Anklage, warum der andere nicht mehr so wie am ersten Tag ist. Die Zeit der Schokoladenseite ist vorbei und die gesamte Persönlichkeit kommt zum Vorschein.

Plötzlich hast Du nicht mehr die volle Aufmerksamkeit des anderen. Nach einer Zeit, in der sich das Universum ausschließlich um Dich drehte, folgt der "Alltag". Dein Partner geht arbeiten, hat Freunde und Hobbys und all das beansprucht jetzt wieder seine Energie. Auch die bedingungslose Zuwendung der Anfangszeit verflüchtigt sich. Jetzt kommen Wünsche und Ansprüche ins Spiel, die an den anderen gerichtet werden. Erfüllen sich diese nicht, sinken Aufmerksamkeit und Interesse.

12.1 Wenn die rosaroten Wolken weichen

Es ist ein schleichender Prozess, der durch die Reaktionen auf die Umwelt und andere Menschen genährt wird. Viele Beziehungen halten sich mit einem gemeinsamen Hobby über Wasser. Eine Verbindung, die auf Nähe und Gleichberechtigung basiert, ist es trotzdem nicht.
Solange unsere ich-bezogenen Wünsche erfüllt werden, ist das entstehende Glücksgefühl nicht von Dauer. Daher sind wir alle auf der Suche nach etwas Beständigem. Dem Gefühl, endlich angekommen zu sein, wo auch immer. Im Laufe der Jahre verstehen wir, dass es sich hierbei um keinen räumlichen Ort handelt, der erreicht werden muss. Diesen gibt es nicht. Wir verstehen vielmehr, dass die Bindung an eine Form, egal ob Lebewesen oder Gegenstand, einen Anfang und ein Ende hat.

Wer sich an die angenehmen Eigenschaften eines Menschen bindet, indem er zufrieden ist, sobald der Partner sie zeigt, muss sich auch davon verabschieden können. Einen Teil der Persönlichkeit mögen und den anderen ablehnen, bringt Streit in eine Beziehung und das Glücksgefühl verflüchtigt sich. Der Partner kann nicht immer liebevoll sein, denn auch er bringt Probleme von der Arbeit mit nach Hause. Er oder sie kann nicht zu jedem Zeitpunkt für uns da sein, denn unser Partner hat auch eigenständige Lebensbereiche. Er kann nicht immer lustig und unterhaltsam sein, weil auch er traurige Momente haben wird. Fühlen wir uns in Anwesenheit des anderen sicherer, schöner, stärker und akzeptierter, fallen wir in ein Loch, wenn wir in einer Situation allein auftreten müssen, weil der Partner keine Zeit hat.

Dann entsteht das Gefühl, dass der andere uns hängenlässt. Seinetwegen geht es uns dann nicht gut und wir werden sauer auf ihn. In Wahrheit haben wir uns über einen anderen Menschen definiert, der sein eigenes Leben hat. Ab diesem Zeitpunkt kommen Manipulation und Schuldzuweisungen ins Spiel, die Partner entfernen sich emotional, um sich zu schützen, und die Beziehung verliert an Tiefe und Wärme.

Die meisten Paarbeziehungen verlaufen nach diesem Schema. Es dauert einige Zeit, bis der Glücksvorrat aufgebraucht ist, aber Du wirst Dich bestimmt an den Moment erinnern, als sich die erste Enttäuschung in die Beziehung einschlich. Dann kommt die Erkenntnis, dass der andere wohl doch nicht so ist, wie man das angenommen hatte. Und still und leise wird nach weiteren "Fehlern" gesucht. Wo einer ist, sind sicher mehr.

Auf diese Weise schlägt das Glück in Enttäuschung um und man geht weiter auf die Suche nach dem perfekten Partner, der all die Vorzüge aufweist, die man gerne hätte. Da sich dieser Wunsch in den wenigsten Fällen erfüllt, ist es einfacher, das Glück nicht durch einen anderen Menschen zu erwarten, sondern es selbst zu berühren. So lange wir erwarten, dass uns ein anderer glücklich macht, sind wir abhängig und manipulieren gleichzeitig die andere Person. Wir geben ihr zu verstehen, dass wir sie nur liebenswert finden, wenn sie ... Hier erfolgt dann die Aufzählung, was wir uns vom anderen wünschen. Wie er sein sollte, aber vielleicht gar nicht ist.

12.2 Wie löst Du dieses Problem?

Für die Antwort musst Du wieder an den Anfang Deiner Geschichte gehen, als Deine Welt in gut und böse unterteilt wurde. Hier entsteht Abneigung und Anhaftung, die eine Hälfte der Welt wird Dir zugestanden, die andere aberkannt. Wann immer Du einen Menschen vor Dir hast, bringt er Dich in Kontakt mit Dir selbst. Einige Dinge an dieser Person magst Du, andere sind Dir unangenehm. Das spiegelt Deine innere Welt und erzählt Dir davon, was Du selbst ablehnst oder gut findest. Der Sinn Deines Lebens liegt darin, frei von Anhaftung und Ablehnen zu sein. Deshalb bist Du hier.

Alle Erfahrungen dienen der Befreiung von diesen Mechanismen, die Dich nicht sein lassen, wer Du bist. Tiefes und dauerhaftes Glück, das unabhängig von den Veränderungen in der physischen Welt ist, erfährst Du erst dann, wenn alles Werten aus Deinem Kopf verschwunden ist. Solange Du auf Deine Umwelt reagierst, wird es mit Deinen Gefühlen immer bergauf und bergab gehen. Echte Selbstständigkeit bedeutet, dass Du in jeder Situation mit freiem Willen entscheiden kannst, was Du bezüglich der Geschehnisse denkst und dementsprechend fühlst. Du kannst das nicht willentlich praktizieren und Dich dazu zwingen, keine Beurteilungen mehr abzugeben. Vielmehr rutschst Du mit Deiner Präsenz immer mehr in die Erfahrung der bedingungslosen Akzeptanz hinein, sobald Du beginnst, achtsam zu sein.

Achtsamkeit bewirkt, dass Du im Jetzt bist, ohne Dich in Illusionen zu verfangen und damit in das Denken abzugleiten. Normalerweise bist Du mit Deinen Sinnen in dieser Welt unterwegs. Diese sind auf die Außenwelt gerichtet und übermitteln Dir die entsprechenden Informationen. Sie teilen Dir aber nur mit, was im Vorfeld durch Dich oder andere Menschen auf der gedanklichen Ebene festgelegt wurde und anschließend im physischen Raum seinen Ausdruck findet. Das bedeutet, dass Du in jedem Moment mit Deiner Vergangenheit konfrontiert bist.

Du siehst einen Menschen und beurteilst ihn sofort nach dem äußeren Eindruck. Dabei unterscheidest Du in für Dich angenehm oder unangenehm. Du beurteilst seine Sprache, seine Art zu laufen und seine Gesten. Alles nur, um einzuschätzen, ob diese Person zu Deiner Welt passt oder nicht. Es ist das Ego in Dir, das diese Einteilung vornimmt. Diese Persönlichkeitsstruktur, die Du gelernt hast zu sein, obwohl Du sie nicht bist. Dieser Struktur ist es wichtig, ständig einzuteilen, zu bewerten und zu analysieren. Immer mit dem Ziel, etwas zu finden, was die eigene Form unterstützt und bestätigt. Alles andere wird als feindlich eingestuft, weil es die Struktur nicht unterstützt.

Solange Du als bewertendes und einteilendes Wesen existierst und Dich damit identifizierst, wird immer Schmerz in Deinem Leben sein. Es ist nicht möglich, dauerhaft glücklich zu sein, wenn Deine Gefühlslage immer von der Außenwelt abhängig ist. Du kannst Dein Umfeld nicht so strukturieren, dass niemals etwas Unangenehmes in Deiner Umgebung auftritt. Der einzige Weg aus diesem Problem führt zu Deiner Einstellung. Zu dem, was Du über die Dinge denkst. Und dahin kommst Du nur durch Achtsamkeit.

13. Achtsamkeit und Reflexion

Es gibt genügend Menschen, für die es normal ist, ärgerlich zu sein und den Unmut an anderen auszulassen. Menschen werden dahingehend manipuliert, die eigenen Bedürfnisse zu erfüllen. Auf Kosten anderer. Du verstehst sicher, dass das keine Lösung sein kann, deshalb musst Du bei Dir selbst ansetzen. Was Dich stört, findet sein Äquivalent in Dir. Was Du gelernt hast abzulehnen, lehnst Du auch bei anderen ab. Wenn Du erwartest, dass sich die Außenwelt verändert und Deinen Wünschen anpasst, hältst Du die Pseudopersönlichkeit am Leben, zu der Du geworden bist.

Du kennst vielleicht den Ausspruch, dass Du zuerst sterben musst, um leben zu können. Das ist natürlich bildlich gemeint und bezieht sich auf den Menschen, der aus Dir gemacht wurde, ohne dass Du selbst mitbestimmen konntest. Dieses in Dich gelegte Gedankenkonstrukt muss zerbrechen, bevor du Dich als wahrhaft frei erkennen kannst. Das kann nicht passieren, wenn Du um Dich herum eine Umgebung errichtest, die mit Deinen Konditionierungen korrespondiert.

Das heißt also, dass es unruhig wird, wenn Du beginnst, Dich mit Dir selbst zu beschäftigen. Du brauchst Mut, um zu Dir selbst zu finden, denn viele Deiner Gedankenstrukturen werden zerbrechen müssen, bis DU aus ihnen auftauchen kannst. Dieser Weg ist jedem Menschen bestimmt. Du kannst in der Außenwelt sehen, dass Menschen, die viele negative Gefühle leben, mit zunehmendem Alter immer mehr Schwierigkeiten bekommen. Sie unterdrücken ihr wahres Selbst (ohne es zu wissen) und müssen Einschränkungen und Verluste in allen Lebensgebieten hinnehmen. Dass die Ursache in jedem selbst liegt, ist den meisten Menschen unbekannt. Noch stehen wir ganz am Anfang dieser gesellschaftlichen Veränderung, die Informationen mit wirklichem Wissen verwechselt.

Wenn Du ein besseres Leben führen möchtest, sollte Dir klar sein, dass Du Dich mit Dir selbst und dem, was in Dir vorgeht, auseinandersetzen musst. Was immer Dich stört – die entscheidende Frage lautet: "Wie habe ICH das hinbekommen?"
Es sind die eigenen Überzeugungen, die Dir Dein Erleben in der Außenwelt bescheren. An dieser Stelle sagst Du möglicherweise, dass Du keinen Krieg gewünscht oder Naturkatastrophen heraufbeschworen hast. Das ist korrekt, aber bedenke bitte, dass Deine Gefühle mit ihrer Ausstrahlung nicht an Deiner inneren Körperwand anhalten. Im Physikunterricht müsste man Dir erklärt haben, dass Du eine kleine Batterie bist, die physisch messbar Energie abgibt. Diese wird durch Deine Gefühlslage in lebensspendende oder lebensfeindliche Energie gefärbt. So wie sich das Wasser in einer Wolke sammelt, um letztlich wieder zum Boden zu regnen, sammeln sich gewaltvolle Energien in der Atmosphäre, um sich ebenfalls physischen Ausdruck zu verschaffen. In Form von Kriegen, Naturkatastrophen oder Unfällen. Das ist reine Naturwissenschaft, die in der Schule leider nicht in dieser Form erklärt wird. Trotzdem ist sie wahr.

Du solltest Dich also nicht nur Dir selbst zuliebe mit Deinen Gedanken und Gefühlen auseinandersetzen. Veränderst Du Dich, verändert sich auch Deine Umgebung. Deine Umstände nehmen andere Formen an, Menschen verlassen Deinen Erfahrungsbereich, neue Menschen kommen dazu. Je achtsamer Du wirst, desto mehr geschehen die richtigen Dinge von selbst, weil Dein inneres Wesen immer mehr durchscheint. Dann wird verständlich, dass Du nichts tun brauchst, um diesen Prozess in Bewegung zu setzen. Bist Du achtsam, ist eine positive Veränderung die logische Folge.

13.1 Was ist Achtsamkeit?

Während wir im Kindergarten und in der Schule nur auf unsere fünf Sinne orientiert werden, verlieren wir immer mehr den Bezug zu unserer Wahrnehmungsfähigkeit. Unser Leben spielt sich im Denken, aber nicht im Erleben ab. Diesen Prozess musst Du zurückdrehen.

Du hast gelernt, etwas zu sehen und es ausgehend von den im Ego gespeicherten Erfahrungen zu bewerten. Du hörst etwas und bewertest es. Du berührst etwas und steckst es sofort in eine Schublade. Achtsamkeit hat mit all dem nichts zu tun.
Bist Du achtsam, bleibst Du in diesem Moment, ohne ihn zu benennen oder ihm eine Bewertung aufzudrücken. Du siehst einer Katze beim Schlafen zu und lässt alle Gedanken beiseite. Ist sie groß oder klein, männlich oder weiblich, gepflegt oder ungepflegt – das ist egal. Du schaust sie nur an und vertiefst Dich ganz in dieses Erleben.
Wenn Du aufstehst und einige Schritte gehst, bleibe ganz dabei. Überlege nicht, wohin Du gehen sollst. Wie schnell das passieren muss oder was Du tust, wenn Du angekommen bist. Du machst einen Schritt und spürst dabei in Dich hinein. Da sind das Auftreten und ein Untergrund, der eine besondere Festigkeit hat. Dir kommt in den Sinn zu denken, dass er hart oder weich sei, kalt oder warm. Diese Gedanken brauchst Du nicht. Nimm sie wahr und wende Dich wieder ab. Spüre erneut nach, wie es sich unter Deinem Fuß anfühlt, aber benenne es nicht.

Beobachte einfach und Du wirst immer wieder die Erfahrung machen, dass sich benennende Gedanken einschleichen. Das ist normal und vergeht, wenn Du ihnen keine Aufmerksamkeit schenkst.
Zuerst wirst Du Deiner Achtsamkeit nur wenige Augenblicke Aufmerksamkeit schenken können. Weil Deine Konzentration sofort wieder in die Außenwelt mit ihren Formen gezogen wird. Deine Augen wollen etwas sehen, Deine Ohren etwas hören, Deine Hände etwas spüren. Das ist etwas völlig anderes, als achtsam zu sein.

13.2 Lass das Etikettieren

Du kannst diese Achtsamkeitsübungen an jedem Ort und bei jeder Tätigkeit machen. Wenn Du einkaufen gehst, kannst Du innehalten und jeden Schritt bewusst spüren. Du nimmst eine Sache aus dem Regal und hältst sie einen Moment ruhig in der Hand. Du lässt sie langsam in den Korb gleiten. Du schaust die Menschen an, die an Dir vorbeigehen und lässt jeden Gedanken in Deinem Kopf weiterziehen, der sie etikettieren will.

Du wirst Menschen begegnen, die groß sind oder klein. Hübsch oder durchschnittlich. Alt oder jung. Betrachte sie, ohne sie in eine Schublade zu stecken. Geh an ihnen vorbei und fühle in die Verbindung, die für einen Moment zwischen Dir und der anderen Person spürbar ist. Bei manchen Menschen wirst Du das Gefühl haben, dass da nichts war. Nur ein leerer Raum. Bei anderen ist da ein leichtes Gefühl von Wärme. Bei einer anderen Person beginnst Du aus dem Nichts zu lächeln, weil Dein Inneres das bewirkt. All das ist Achtsamkeit, die Dir sofort eine völlig andere Erfahrung beschert, als Du sie normalerweise kennst.

Bis jetzt wird jede Erfahrung in eine gedankliche Form gepackt. Das ist so und das dort ist anders. Deine Welt ist in gute und schlechte Dinge eingeteilt. Auf diese Weise kann kein Frieden entstehen, weil Du immer eine Hälfte Deiner Erfahrungen ablehnen musst. Achtsamkeit bringt wieder zusammen, was der Mensch trennt. Dieser Vorgang ist ein Ausdruck von Glück, weil die scheinbare Trennung aufgehoben wird und Du Ganzheit erfährst. In diesem Moment kann alles durch Dich wirken und Dein gesamtes Wesen ist neu belebt. Du wirst erfahren, dass jede Einteilung in Wahrheit nur im Gedankenbereich stattfand und real niemals Wirklichkeit war. So wie die Erde sich nicht in Bereiche aufteilen lässt. Der Mensch legt ein gedankliches Netz von Ländergrenzen auf sie, physisch sind sie aber nicht vorhanden. Was Deine Sinne Dir in Deinem Leben als getrennt von Dir zeigen, funktioniert auch nur auf der gedanklichen Ebene. Du glaubst, von anderen Formen getrennt zu sein, doch Deine bewusste Wahrnehmung wird Dir zeigen, dass dem nicht so ist.

14. Wie Du mit Gefühlen umgehst

Du kennst sicher Menschen, die sagen, dass sie mit Gefühlen "nicht so gut umgehen könnten". Während andere Personen sehr nah am Wasser gebaut sind und ständig über ihre emotionale Befindlichkeit reden. In beiden Fällen werden Gefühle nicht wirklich wahrgenommen, sondern gedanklich thematisiert. Dein Gefühl sitzt aber nicht im Kopf, sondern ist nur dann wahrnehmbar, wenn Du Dich auf Deinen Körper einlässt.

Bei positiven Gefühlen fällt es Dir leicht, das Fließen der emotionalen Energie zuzulassen. Sie belebt jede Körperzelle, schenkt Dir völlig neue Gedanken und sorgt für eine anziehende Ausstrahlung. Negative Gefühle wirken sich ebenfalls auf Deinen Körper aus und sorgen für Anspannung, Stress und blockieren Deine Handlungen. Taucht solch ein Empfinden in Dir auf, gehst Du automatisch auf Abwehr. Du selbst hast dieses Gefühl aufgrund eines stiftenden Gedankens auf den Plan gerufen und wenn es in Dir spürbar wird, stellst Du Dich innerlich dagegen. Dieses Vorgehen fügt Deinem Körper Schaden zu und lässt Dich weiter in der unerwünschten Situation verharren.

Du hast in der Schule nie gelernt, mit Deinen Gefühlen umzugehen. Hier wurdest Du darauf trainiert, unabhängig von Deinen emotionalen Stimmungen zu funktionieren und Leistung abzurufen. Im späteren Leben rächt sich diese Lebensweise, denn im menschlichen Miteinander musst Du Gefühle ausdrücken. Denk nur an eine Mutter und ihr Kind. Ohne bedingungslose Liebe, Herzenswärme, Geduld und Verständnis kann sich ein Kind nicht wohlfühlen und psychisch gesund aufwachsen. Oder nimm eine Partnerbeziehung. Auch hier musst Du Dich emotional zeigen, sonst lebst Du in einer Zweckgemeinschaft ohne Liebe.

Ohne Gefühle sind wir Maschinen. Deswegen ist es für Dich wichtig, zu wissen, welche Gefühle Dir Schwierigkeiten bereiten. Brichst Du in bestimmten Situationen immer wieder in Tränen aus, obwohl Du es nicht möchtest? Wirst Du ständig rot, weil Dir etwas unangenehm ist? Fühlst Du Dich unwohl, wenn Du vor anderen sprechen sollst und würdest Dich dann am liebsten verstecken?

Deine Gefühle zeigen Dir auf diese Weise, wo Du Teile von Dir zurückhältst, weil Du so konditioniert wurdest. Um diesen Kreislauf aufzulösen, musst Du Dich den Empfindungen zuwenden, denn was Du ansiehst, verliert den Schrecken und verändert sich.

14.1 Ein praktisches Beispiel

Nehmen wir als Beispiel die Angst. Höhenangst kann durch einen simplen Treppensturz in früher Kindheit ausgelöst werden, den man meist gar nicht mit einer späteren Angst vor Höhe in Verbindung bringt. Damit diese Einschränkung Dein Leben nicht dauerhaft bestimmt, kannst Du diese Schutzmaßnahme auflösen, indem Du Dich absichtlich der Erfahrung von Höhe aussetzt. Das beginnt mit ganz geringer Höhe und steigert sich bis zu dem Moment, wo Du Dich traust, eine Höhe Deiner Wahl zu bewältigen.

Anfangs wird Deine Herzfrequenz ansteigen, Dein Kreislauf könnte zusammenklappen, die Knie werden zittern und Du hast das Gefühl, keinen Schritt vorwärtszukommen. Dein Körper ist mit jeder Zelle darauf trainiert, Dich von Treppen oder Brücken fernzuhalten, weil er dadurch in Kindheitstagen in Schwierigkeiten gekommen war. Fallen ist keine Option, also musst Du Höhe meiden. Um diese Überzeugung, die in jeder Zelle als Schutzmechanismus gespeichert ist, umzukehren, musst Du den Beweis erbringen, dass es auch anders geht.

Geh in die Situation hinein und akzeptiere alle körperlichen Reaktionen. Das Schwitzen, das Zittern, und nimm die Angst wahr, die Dich abhalten will, den nächsten Schritt zu tun. Sie will Dich vor etwas schützen, was bisher mit einer schmerzhaften Erfahrung verbunden war. Du kannst Dir in diesem Moment innerlich sagen, dass Du jetzt kein Kind mehr bist, das seinen Körper noch nicht unter Kontrolle hat. Du bist in der Lage, einen Fuß vor den anderen zu setzen. Du wirst nicht fallen, denn das ist die Erfahrung, um die es geht. Die Höhe spielt keine Rolle. Sie wurde in der Vergangenheit mit einem Sturz und der Erfahrung von Schmerz verknüpft. Das ist es, wovor die Angst Dich beschützen will.

Ist Dir das klar, kannst Du durch diese Situation gehen. Alle auftretenden Symptome gehören zu Deiner Vergangenheit. Damals tat Dir alles weh, als Du gefallen warst. Der Blutdruck sackte aufgrund des Schreckens ab, Du bist unsanft auf der Erde gelandet und hast Dir womöglich den Kopf angeschlagen. Dein Körper erzählt Dir von den damaligen Gefühlen, indem er die Symptome wieder aufruft. Akzeptiere sie und geh weiter. Auf diese Weise machst Du eine neue Erfahrung, die jeder Zelle mitgeteilt wird. In diesem Augenblick bedeutet Höhe keine Gefahr und keinen Sturz.

Wenn Du das regelmäßig wiederholst, wird die alte und negative Erfahrung gelöscht und umgeschrieben. Möglicherweise wirst Du nie große Lust haben, Dich in schwindelerregender Höhe aufzuhalten, aber das ist aus Sicherheitsgründen in jedem Menschen verankert. Du wirst aber keinen Widerstand mehr spüren, wenn vor Dir ein Objekt mit Stufen auftaucht.

Anders verhält es sich mit Worten, die Dich getroffen und Deine Persönlichkeit gebildet haben. Hier geht es nicht um die Erfahrung mit einem Objekt, sondern um Überzeugungen, die andere ausgesprochen haben und die Du zu Deinen eigenen Ansichten gemacht hast. In den meisten Fällen spüren wir nicht einmal, dass wir fremdbestimmt leben. Wir stellen unsere Ansichten erst infrage, wenn wir im Leben nicht vorankommen und auf der praktischen Ebene immer wieder Tiefschläge einstecken müssen. Es gibt aber auch Menschen, die bei jedem lauten Wort zusammenzucken, gegenüber autoritären Persönlichkeiten regelmäßig zurückweichen oder in jedem Gespräch sofort in die Rechtfertigungsschiene rutschen.

Hier haben Aussagen von Eltern und Erziehern "ganze Arbeit" geleistet, weil dem Kind eine grundlegende Lebensangst vermittelt wurde. Wer immer wieder erlebt, dass sein Handeln kritisiert, belächelt oder unterbunden wird, lernt dadurch, seine Fähigkeiten selbst zu sabotieren. Unglücklicherweise ist es die ständige Kritik der "Fehler", die es dem Betreffenden dann wirklich nicht mehr möglich macht, seinen Aufgaben nachzukommen, was erneute Sanktionen nach sich zieht.

14.2 Problembewältigung leicht gemacht

Wir sehen also, wie wichtig es ist, über die Auswirkung der eigenen Worte nachzudenken und sie in richtiger Weise einzusetzen. Wurden wir von unbewussten Eltern aufgezogen, müssen wir trotzdem nicht unser ganzes Leben unter den Auswirkungen begrenzender Aussagen leben. Dann beginnen wir, uns im Erwachsenenalter unseren Problemen zu stellen und Verantwortung für unsere Gefühle zu übernehmen. Das bedeutet, dass wir unserer Wut nicht länger freien Lauf lassen und andere Menschen anbrüllen. Oder ihnen einfach die kalte Schulter zeigen und sie mit emotionaler Kälte strafen, wenn sie etwas tun, was uns nicht passt. Wir werden nicht länger das Häufchen Elend sein, das der Meinung ist, es nie zu etwas zu bringen. Und wir werden auch nicht mehr der Mensch sein, der seine wunderbarsten Ideen zu Grabe trägt, weil ihm das Geld fehlt.

Verantwortung übernehmen heißt im Bereich der Gefühle, dass man zulässt und hinter die Kulissen schaut. Was passiert hier gerade in diesem Moment? Nicht, was denke ich bezüglich der Situation, sondern was fühle ich. Dann wirst Du verstehen, dass Du in einem völlig sicheren Moment angstvolle Gedanken in Deine Gegenwart einfließen lässt, die ihrerseits für das physische Erleben sorgen müssen. Du wirst unterscheiden lernen, dass es in einem friedlichen Moment keine Sorgen gibt, bis Du die Gedanken daran in die Situation einfließen lässt. Daraufhin verändert sich Dein Erleben, obwohl zuvor alles gut war.

Nehmen wir an, Du erhältst eine Zahlungsaufforderung, die Deinen derzeitigen Kontostand übersteigt, und Du hast auch keine Möglichkeit, Dir anderweitig Geld zu beschaffen. Was passiert zuerst? Je nach Persönlichkeitsstruktur legst Du den Brief beiseite und sagst Dir, dass Du bezahlst, wenn wieder Geld da ist oder Du verfällst in eine Art Schockzustand. Bist Du von starkem Mangeldenken geprägt, wirst Du physische Symptome der Angst wahrnehmen, die von Händezittern und Herzrasen bis zu weichen Knien und Schweißausbrüchen reichen können. Warum?

Weil Du panische Angst verspürst. Diese stammt aus der Vergangenheit und gehört zu einer Situation, in der Du Dir etwas gewünscht hast, es aber nicht bezahlen konntest.
Wir wachsen alle mit einer Mangelprägung hinsichtlich Finanzen auf, weil wir in der Kindheit nicht (oder nicht genug) über eigenes Geld verfügen. Daher sammeln sich in der Kindheit die Erfahrungen, vor dem Schaufenster zu stehen, aber nicht an das Gewünschte heranzukommen. Bekommt man von den Eltern zusätzlich zu hören, dass man sich das nicht leisten kann, wirkt das sehr prägend. Manche Kinder stürzen sich dann im Erwachsenenalter intensiv in die Arbeit, um diese Erfahrungen auszumerzen. Andere kommen aus der Mangelschiene nie wieder heraus.

Zurück zur Zahlungsaufforderung. Wenn Du über den Verstand keine Lösung für das Problem finden kannst, setzt Du Dich hin und holst tief Luft. Konzentriertes Atmen ist immer das Mittel der Wahl, um nicht von Deinen Gefühlen überrollt zu werden, die Dich zu Handlungen zwingen, die Du später bereust. Atme! Zieh Deine Aufmerksamkeit von Deinen verzweifelt nach einer Lösung suchenden Gedanken zurück. Dein Gehirn kann keine Lösung finden, sofern Du sie noch nie erlebt und abgespeichert hast. Atme intensiv und bleib einfach für eine Weile dabei. Tauchen Gedanken auf, die Dir Katastrophenszenen für den Fall ausmalen, wenn Du nicht bezahlst, nimm sie zur Kenntnis und lass Dich wieder auf Deine Atmung ein. Du kannst nur eine Sache tun, entweder schaust Du Deinen Gedanken zu oder Du beobachtest Deine Atmung.
Nach einer Weile spürst Du, dass Du ruhiger wirst. Obwohl sich die äußere Situation nicht geändert hat, beruhigen sich Deine Gefühle. Die Angst wird weniger. Der panische Drang, sofort etwas zu unternehmen, ebbt ab. Das Herzrasen beruhigt sich und das Kopfkino wird leiser.

Das Ganze geschieht, weil Dein einziger Gedanke der war, dass Du atmest. Dieser Gedanke bewirkt ein ruhiges Körpersystem, die Harmonisierung der Gefühle sowie das Entspannen aller Muskeln.

Du kannst diesen Vorgang auch bewusst initiieren. Nimm Dir eine Situation, die Dir immer große Angst bereitet, und male sie Dir bildlich in allen Facetten aus. Steigere Dich richtig hinein und Du wirst erleben, wie Dein Körper Symptome produziert und die Gedanken Achterbahn fahren. Dann konzentriere Dich ausschließlich auf die Atmung und nimm wahr, was geschieht. Alles beruhigt und entspannt sich wieder.

14.3 Verbinde Dich mit Deinem Körper

Was Dich im ersten Moment wie eine Panik überrollt, ist der Gedanke: "Ich kann das nicht, ich werde untergehen." Es ist die nackte Existenzangst, die diesen Moment ausfüllt.
Deshalb: Immer zuerst durchatmen. Auf diese Weise baust Du keinen Widerstand gegen das Gefühl auf, es kann sich kurz ausbreiten und sich wieder auflösen. Wirst Du panisch, indem Du die negativen Gedanken weiter fütterst und Dir furchtbare Szenarien ausmalst, nimmt das Gefühl an Intensität zu. Innehalten, durchatmen und die Konzentration von den Gedanken wegnehmen. Das ist der Universalrat für alle Situationen, in denen heftige Gefühle aufgrund von begrenzenden Gedanken auftreten.

Das ist der richtige Umgang mit Deinen Gefühlen. Komm aus jeder Tätigkeit heraus, geh in Deinen Körper, indem Du Deine Atmung beobachtest und Du wirst spüren, wie sich das Chaos löst. Erst danach ist Dein Inneres in der Lage, Dir hilfreiche Ideen zu schicken. Die ihrerseits die Situation durch ganz praktische Veränderungen im Außen retten werden. Panik erzeugt noch schlimmere Umstände. Ruhe und die Aussage, dass sich alles zum Guten wenden wird, verändern die Umstände zu Deinem Vorteil.

15. Der praktische Umgang mit Gefühlen

Vielleicht redest Du nicht gerne über Deine Gefühle, dann gibt es andere Möglichkeiten, den ersten Schritt in diese Richtung zu machen. Du kannst jeden Abend in wenigen Sätzen formulieren, was Dir den Tag über begegnet ist und was die Situationen mit Dir gemacht haben. Du wirst merken, dass es sich gut anfühlt, wenn Du Dir Ängste, Unsicherheit oder Frustration von der Seele geschrieben hast. Achte in diesem Fall bitte darauf, dass Du die Gefühle reflektierst und nicht in ihnen aufgehst. Das bedeutet, dass Du nicht über eine Person herziehen sollst, die Dich geärgert hat, und sämtliche Fehler aufzählst, die sie gemacht hat. Schreibe auf, dass Du Dich verletzt gefühlt hast. Dass da der Impuls war, der Person am liebsten in den Hintern zu treten. Dass es Dich traurig machte, nicht verstanden zu werden. Dann kannst Du jeweils einen kurzen Moment in das entsprechende Gefühl hineinspüren, bevor es sich von selbst auflöst. Damit hast Du Deine Emotionen für diesen Tag bearbeitet und entlassen und Du wirst die Erfahrung machen, dass sich etwas verändert hat.

Wenn Du nicht schreiben magst, suche Dir einen Gleichgesinnten und erzähle diesem regelmäßig Deine Gefühle. Schildere die Situation und berichte dann, was es mit Dir gemacht hat. Nicht, was Du der anderen Person am liebsten angetan hättest. Was hat diese Situation mit Dir gemacht. Du warst wütend? Dann beschreibe, wie intensiv die Wut war. So sehr, dass Du Deine Fäuste geballt hast? Dein Gesicht wütend verzogen hast? Mach die Situation noch einmal nach und diese bewusste Wahrnehmung des Geschehens löst das entsprechende Gefühl auf.

Du kannst diese Übungen auch während des Alltags machen. Du brauchst dafür keinen besonderen Raum. Es bedarf nur Deiner Entscheidung hinzusehen. Wenn Du den Wind auf Deinem Gesicht spürst, dann sage laut, dass Du den Wind spürst. Merkst Du, dass sich etwas in Dir zusammenzieht, dann sprichst Du aus, dass Du eine Abwehr in Dir wahrnimmst. Öffnet sich

Dein Herz vor Glück, teilst Du Dir auch das mit. Bringt Dich Dein Nachwuchs zur Weißglut, sagst Du Dir, dass Dein Energiepegel steigt und sich der Drang zum Schreien meldet. Wenn Du ganz intensiv bei der Beobachtung bleibst, wie sich Spannung in Dir aufbaut, Du mehr Luft in Dich hineinpumpst und der Drang zu schimpfen entsteht, musst Du dieses Gefühl nicht physisch ausleben. Es wird in sich zusammenfallen, bevor Du einen Ausbruch haben kannst.

Übe Dich ganz praktisch darin. Nur so nimmst Du Deine Gefühle wieder in Deinen Besitz. Dann hast Du die Verantwortung für einen Lebensbereich zurückerobert und wirst Dich anders fühlen. Nicht mehr klein und hilflos, sondern sicherer, vollständiger und positiv erwartungsvoll. Das Leben schiebt Dich ohnehin in die Richtung, also entscheide Dich von selbst für diesen Weg.

16. Der Mensch möchte glücklich sein

Du möchtest Dich nicht mit Deinem Alltag herumquälen. Du möchtest auch nicht gerade so über die Runden kommen. Wenn Du alles, was Du zum Leben brauchst, ohne Vorleistung bekommen könntest, würde Du nicht den Rest Deines Lebens am Strand liegen und Cocktails schlürfen. Denn das wäre viel zu langweilig. Du würdest Dich in aller Ruhe auf ein Wunschprojekt konzentrieren und dieses umsetzen. Genau das wäre Dein Ausdruck von Glück. Dafür bist Du auf dieser Welt und alles, was Du tust und was Dir widerfährt, will Dich zu diesem Ziel bringen.

Deine Gefühle sind Dir auf diesem Weg eine große Hilfe, wenn Du sie nicht ignorierst oder sie einfach auslebst. Sie sind auf einer physischen Ebene das Äquivalent zu Deinen Gedanken, die im nicht-stofflichen Bereich existieren. Dabei korrespondiert jeder Gedanke mit einem entsprechenden Gefühl. "Gute" Gedanken erzeugen demzufolge angenehme Gefühle. "Schlechte" Gedanken bringen unangenehme Gefühle hervor. Doch was sind gute und schlechte Gedanken eigentlich?

Mit "gut" sind alle Gedanken, Gefühle und Erfahrungen beschrieben, die Dir, Deinem Lebenszweck und gleichzeitig auch anderen Menschen dienen. "Schlechte" Gedanken, Gefühle und Handlungen sorgen dafür, dass Du Dein Ziel verfehlst, und wirken sich auf Dich und andere in schädigender Weise aus.

Du wurdest als vollkommenes Wesen geboren, in dem alles angelegt ist, was Du in diesem Leben ausdrücken willst. Deine Erfahrungen in der Welt sehen allerdings anders aus. Du tust Dinge, die Du eigentlich nicht tun willst. Du nimmst ein Umfeld in Kauf, das Du nicht magst. Du gehst zur Schule, machst eine Ausbildung oder studierst, hast eine Wohnung oder ein Haus. Du bekommst Kinder und kümmerst Dich um deren Probleme, Du gehst arbeiten und lebst in der Zukunft. Der nächste Urlaub hält Dich ein

Jahr über Wasser, die Partnerschaft ist nach Jahren auch nicht mehr das, was sie einmal war. Du sehnst Dich nach Geborgenheit und Anerkennung, aber jeder ist mit sich selbst so beschäftigt, dass er nicht an andere denkt. Du erwartest sehnsüchtig Deine Rente, weil Du dann endlich machen kannst, was Du schon immer wolltest. Nur um dann festzustellen, dass Du jeden Tag mit Gelenkschmerzen, Atemproblemen und Magenkrämpfen zu kämpfen hast.

Hattest Du Dir das so vorgestellt?

Ganz sicher nicht. Deshalb musst Du etwas tun, indem Du aufhörst, etwas zu tun. Das klingt paradox, ist aber trotzdem wahr. Tun bezieht sich auf Deine fünf Sinne und diese Art von Handlung muss ruhen, wenn Du Dich weiterentwickeln willst. Du kommst nur voran, wenn Du im Inneren mit der Veränderung anfängst, denn das Äußere ist immer die Folge. Du musst den Gedanken zu fassen bekommen, der für diese Situation verantwortlich ist. Diesen findest Du meist, wenn Dir bewusst wird, was Du in diesem Moment fühlst. Du gehst von der Handlung zurück ins Gefühl und von dort findest Du den Gedanken, der alles andere inszeniert hat. Ersetze ihn und Dein Leben wird andere Wege einschlagen.

17. Schlusswort

Gefühle sind Bestandteil Deines menschlichen Daseins, das Du durch Gedanken, Worte und Taten zum Ausdruck bringst. Deine Gefühle sind Energien, die Dich mit anderen in Beziehung bringen. Sie strömen aus Dir heraus und berühren alles in Deinem Umfeld. Es lohnt sich, über diese Dinge nachzudenken, denn auch Du wärst gerne in der Nähe von Menschen, die Herzlichkeit und Wohlwollen ausstrahlen.

Dass es uns vielfach schwerfällt, friedvoll, gerecht und herzlich zu sein, hat mit unserer Kindheit zu tun. In ihr wurden wir geprägt und haben Verhaltens- als auch Reaktionsweisen der Menschen übernommen, die um uns waren. Die so erlernten Muster springen in der Gegenwart und der entsprechenden Situation immer wieder an, bis wir den Mut haben, uns und unser Verhalten zu hinterfragen.

Wenn Du ein besseres Leben führen möchtest, musst Du Dich mit Dir selbst beschäftigen. Selbst wenn Dir alles im Leben gelingt, weil Du mit positiven Konditionierungen geprägt wurdest, wirst Du das Gefühl haben, dass etwas fehlt. Da ist eine leise Unruhe, eine minimale Unzufriedenheit, die Dir sagt, dass da irgendwas fehlt. Du kannst es nicht benennen, aber Du spürst es. Wenn Du es mit einem Satz beschreiben müsstest, würdest Du sagen, dass Du nach Hause willst. Damit meinst Du keinen physischen Ort und egal welche Dinge Du besitzt, da wäre immer noch diese Frage.

Du findest die Antwort, wenn Du Dich Dir selbst zuwendest. Deinen Gedanken und Deinen Gefühlen. Du wirst bei dieser Suche den Weg rückwärtsgehen, indem Du Deine Probleme analysierst und dabei auf die dazugehörigen Gefühle stößt. Hast Du den stiftenden Gedanken für diese Situation gefunden und hast Du verstanden, dass immer noch alles an Fähigkeiten und Möglichkeiten in Dir ruht, bist Du bereit, auf neue Weise zu handeln und zu leben.
Der Weg dorthin ist nicht leicht, aber notwendig. Du willst Dir nicht an Deinem letzten Tag auf der Erde die Frage stellen müssen, ob das alles

gewesen sei. Solange Du Dich nicht gefunden hast, wird diese Leere bleiben. Dann wirst Du immer das Gefühl haben, dass da etwas war, was Du hättest tun sollen. Nutze deswegen die Zeit für die Dinge, derentwegen Du hier bist. Jede Freizeitbeschäftigung bringt Dir Spaß und neue Erfahrungen. Doch Du kannst eine Erfahrung zur anderen legen, sie werden Dich nicht heilen. Wie oft Du auch verreist, neue Dinge ausprobierst, Menschen kennenlernst oder die Karriereleiter erklimmst – ohne Deine Wurzeln gefunden zu haben, bist Du nicht angekommen.

Je älter wir werden, desto mehr verfallen wir in Geschäftigkeit. Etwas treibt uns an und mahnt uns, aktiv zu werden, denn da ist noch etwas zu erreichen. Oftmals verstehen wir die Signale falsch, weil wir in einer Kultur leben, die sich nur dann um innere Befindlichkeit kümmert, wenn es um Leistung geht. Dein Leben, das Du mit Deinen Sinnen erlebst, beginnt in Deinem Inneren. Mit einem Gedanken, der sich im nicht-stofflichen Bereich erfassen lässt. Du sprichst ihn aus und erfährst das dazugehörige Gefühl. Zum Schluss nimmt der Gedanke eine Form an, die Du auch mit den groben fünf Sinnen erfassen kannst. Das zu verstehen und bewusst zu leben ist, weshalb Du auf der Erde bist.

Nichts ist wichtiger, als bei Dir anzukommen. Bei Dir, nicht bei den Gedanken und Meinungen anderer. Du kannst ihr Leben nicht leben. Du kannst es nicht einmal nachmachen, weil Du jemand anderer bist. Du wurdest für eine Aufgabe geboren. Ob sie klein ist oder viele Menschen berührt, ist völlig egal. Wirklich erfüllt wirst Du nur sein, wenn Du sie lebst, denn nur dann bist Du echt und authentisch.

Lass die Welt Dir nicht sagen, wer Du bist oder sein solltest. Du kannst den Erwartungen anderer nicht gerecht werden, weil Du schon bei Deiner Geburt ein ganz individueller Jemand bist. Der Versuch zu sein, wie andere Dich gerne hätten, lässt Dich verschwinden. Dann wirst Du unscheinbar, unbedeutend und wirst Dein ganzes Leben unzufrieden sein. Wir haben alle einen Teil von uns aufgeben müssen. Weil auch unsere Eltern so erzogen wurden. Und deren Eltern und deren Eltern. Es ist egal, wann und warum dieser Ausstieg aus der Ganzheit geschah. Wichtig ist nur, dass es einen

Weg zurückgibt. Er fängt mit ganz unscheinbaren Aktionen an. Ein Stehenbleiben und Innehalten, ein Moment der Konzentration auf Deinen Atem, das Beobachten eines Käfers oder eine spontane und unerwartete Umarmung. Alles, was Du mit einer bewussten Achtsamkeit tust, erinnert Dich an etwas. Schon bei der ersten Gelegenheit breitet sich eine wärmende und befreiende Stille in Dir aus, die Dir einen Vorgeschmack von dem gibt, was möglich wäre, wenn Du Dich ganz und gar auf diesen Prozess einlässt. Die kleinen Momente geben Dir mehr Erfüllung, Kraft und Hoffnung, als Deine größten Erfolge in der physischen Welt.

Das Wesentliche Deines Lebens ist in Deinem Herzen verborgen. Und Dein Herz ist, was Du bist. Befreie Dich von dem, was Dir aus Unwissenheit mitgegeben wurde und gar nicht zu Dir gehört. Sorge dafür, dass die Begrenzungen, die andere Dir auferlegt haben und die Du akzeptieren musstest, sich von Dir lösen können. Du hast nur dieses Leben und Du willst glücklich sein. Du brauchst Mut, um Dir und Deinen Konditionierungen zu begegnen. Sie als das zu erkennen, was sie sind – fremdbestimmte Gedankenmuster, die Du nun ablegen kannst. Deine Gefühle werden Dich leiten. Die guten und die unangenehmen Empfindungen. Sie sagen Dir in jedem Moment, ob Du aus Deiner inneren Mitte lebst oder Dich in genau diesem Moment dazu entschließen musst, etwas loszulassen.

Je näher Du Dir selbst kommst, desto einfacher wird der Weg. Du wirst das Gefühl nicht mehr missen wollen, eigene Entscheidungen zu treffen, die unabhängig von den allgemeinen Ansichten sind. Vielleicht wirst Du deswegen Freunde verlieren und zum Außenseiter erklärt. Aber der Weg ist es wert. An seinem Ende nimmst Du Dich selbst in den Arm und machst die Erfahrung, dass Du Dich nie verloren hattest. Es war ein Traum, aus dem Du nun erwacht bist. Es kam Dir real vor, obwohl nichts davon Bestand hat. Die Schwere Deiner Existenz fällt von Dir ab und dann weißt Du nicht nur, dass alles möglich ist, sondern lebst es in jedem Moment. So war es am Anfang und ist es dann wieder. Der Kreis schließt sich und Du hast Deinen Weg vollendet. Wenn Du heute beginnst, bei Dir zu sein.

Timo Kaschner

Rechtliches und Impressum

Die Inhalte dieses Buches wurden anhand von anerkannten Quellen recherchiert und mit hoher Sorgfalt geprüft. Der Autor übernimmt dennoch keinerlei Gewähr für die Aktualität, Richtigkeit und Vollständigkeit der bereitgestellten Informationen.

Haftungsansprüche gegen den Autor, welche sich auf Schäden gesundheitlicher, materieller oder ideeller Art beziehen, die durch Nutzung oder Nichtnutzung der dargebotenen Informationen bzw. durch die Nutzung fehlerhafter und unvollständiger Informationen verursacht wurden, sind grundsätzlich ausgeschlossen, sofern seitens des Autors kein nachweislich vorsätzliches oder grob fahrlässiges Verschulden vorliegt. Dieses Buch ist kein Ersatz für medizinische oder professionelle Beratung und Betreuung.

Dieses Buch verweist auf Inhalte Dritter. Der Autor erklärt hiermit ausdrücklich, dass zum Zeitpunkt der Linksetzung keine illegalen Inhalte auf den zu verlinkenden Seiten erkennbar waren. Auf die verlinkten Inhalte hat der Autor keinen Einfluss. Deshalb distanziert der Autor sich hiermit ausdrücklich von allen Inhalten aller verlinkten Seiten, die nach der Linksetzung verändert wurden. Für illegale, fehlerhafte oder unvollständige Inhalte und insbesondere für Schäden, die aus der Nutzung oder Nichtnutzung solcherart dargebotener Informationen entstehen, haftet allein der Anbieter der Seite, auf welche verwiesen wurde, nicht aber der Autor dieses Buches.

Auflage 01/2021

Kontakt: Tim Ong/ Türkstr. 4/ 30167 Hannover
Formatierung: Timo Kaschner

Printed in Poland
by Amazon Fulfillment
Poland Sp. z o.o., Wrocław

74354177R00074